手紙の行方

山口 智子

rockin'on

写真・画　山口智子

装丁　中島英樹

はじまり

南米へ飛ぶ。

何かの使命を負うかのごとく、追っ手の手を逃れるがごとく。

ちょっと前までうごめいていた日常から、突拍子もない場所へいざ向かう現実。

いっきに均衡を失い出した世界に、まるで人ごとみたいに酔っている。

もうどれくらいたったのだろう。

乗換え、搭乗アナウンス、映画にお飲みもの、フィッシュ・オア・ミート。それらを何度となく繰り返し、からだはすっかり活動停止を強いられた仮死状態。ぐったりとシートに身を放り出して、眠るでもなく目覚めるでもない。流感の熱にやられたような重いからだと裏腹に、意識はぷかぷかと、暗い機内を浮遊している。

観ているはずの映画の展開も脳には届かないみたいだ。眼球をするりと抜けて後部座席へと、たらたらと流れてゆく。

一獲千金の大ばくちを仕掛けた男が流れ着く、夢のパラダイス。腐った権力に立ち向かう同志が、美しく悲しく命を散らす地。私の映画史の中の南米は、パッションと陶酔が似合うところだった。

密林の奥地、原始の自然に圧倒された者が骨を埋めるのも、歴史の波に翻弄され、熱い恋が燃え上がるのも、その舞台はやっぱり、南米だった。ドラマチックな展開が当たり前、ちょっとイカサマな危うさの虜になる謎の大陸。

国家機密の任務を負い、いざ潜入を試みる女主人公。すっかりそんな役になりきってみては、たっぷりとあり過ぎる時間を埋めていく。

そういえば。

私は、ほんとうに南米へ向かっているのだ。

まさに起ころうとしていることが、息をきらしながらやっと私に追いつい たみたいに、架空と現実のピントは、急に合ったり、ぶれたりしながら、危なっかしくぐらついている。

そうなのだ、私が向かっているのは、ブラジルでもアルゼンチンでもない。

南米、チリなのだ。

思い起こせば、ほんの数週間前、私のチリに関する知識は皆無状態だった。存在位置さえ見当もつかない、とても遠い場所だったのだ。ペルーとどっちが上か下か、大陸の右だったか左だったか。

恥ずかしながら「チリ」という言葉で頭に浮かぶのは、「辛い香辛料」とか「チリビーンズ」。

いったい「チリ」という国で、どんな顔の人々が、どんな風に生きているのか、ついこの前まで興味のかけらさえ芽生えていなかった。

ほんの一瞬の行き違いで、永遠に巡ってこない出会いもある。チリと私は、もしかしたら平行線のまま互いに交わることなく、一生を終えていたかもしれない。そう考え出すと、出会いとはとても不思議なものだ。

人生は突然降って来るものを、受けとめるかやり過ごすか、そこが肝心なのかもしれない。

旅を始めてもうすぐ二年になる。

日本でひと月過ごし、旅に出てひと月、また帰って次の旅の準備にひと月、そしてまた出発。なんだかんだと世界中のあちこちで、パッチワークみたいな時を過ごしてきた。

旅に出る理由なんて、あとからいくらでも当てはめ直すことができる。「自分探し」とか「現実逃避」などなど。旅に出る理由を人に問われると、一瞬頭が真っ白になってしまって、「仕事です」などと、ほんとうにつまらない答えを返してしまう。説明しようとしても、うまい説明にならない。なぜならそれは、あまりにも単純なひとことで片づいてしまうからだ。

「見たい」「知りたい」

ほんとうにそれだけなのだ。

思いきり原始的で子供用語みたいな言葉が、いちばんしっくりはまってしまう。

ただその欲求は、単純明快なほどに、とてもとても強い。

その大きな欲求の塊は、これまたある日突然、私の頭にどすんと落ちてきた。

人生の一大事に、ひとは意外に鈍感で、日々の予定帳をこなさなきゃという理由をつけては、どんどん後回しにして見て見ぬふりをしてしまう。

でも、ふとした瞬間に、その時はやってくる。

バスを待つポカンとあいた時間の谷間、身支度を整えてちょっと余裕で覗いた鏡の中、パソコンの手を休めていい天気だなあと見上げた空に、気づかぬふりをしてきた何かが、すとんと落ちてくる。

「私は、ほんとうに何も知らない。」

私の場合、この言葉が巨大な隕石みたいに、流れ落ちてきた。

私はとても無知だという当然の現実を、なんとなく取り繕いながらいろんな振りをして、ずいぶん生きてきてしまったなあ、心がそう呟いていた。ある日突然、とてもすんなりと、とても素直に。

一度心に灯った炎は、燃料が足らないほどに、何かを求めて燃え上がる。

それからというもの、ずんずん前へ進むことでその火をあおり、気づけば南米に足を踏み入れようとしている次第だ。

「ほんとうに見にいこう。」

その衝動に駆られ飛行機に飛び乗る方法も、もちろん素敵だけれど、根っからいくじなしの私は、職権を濫用し、「仕事」という隠れミノの助けを借りて旅に出た。

「任務」みたいなものに、背中を押してもらいたかったのかもしれない。一瞬の感情の波ではなくて、もっと根こそぎ流れを変えるため、自分を奮い立たせるものが欲しかったのかもしれない。

「手紙で綴る旅」という映像作品の企画をつくり、旅をともにする仲間を募った。そして数カ月の間に話は進み、『Ｌｅｔｔｅｒｓ 彼女の旅の物語』というタイトルで、二年間で全六編の放送が決まった。

今にして思えば、怖いもの知らずという素人の特権は最大の武器だ。作品をつくる苦労も、人にそれをお見せする恐さも、まだ知らなかったからこそ、あんなに大胆に動けたのかもしれない。

『レターズ』という、私にとって記念すべきこの作品は、ひょっとするといろんな意味で、ひとつのドキュメンタリーになっているかもしれない、と思うことがある。無知で恐いもの知らずの好奇心にどん欲なひとりの人間が、旅を重ねるごとにどう変わっていくのか。その視点、欲求がどう変わっていくのか。

今回のチリで五作品目。振り返ってみると、初回の志のなんと初々しいこと。そして、穴があったら入りたいほどに、当時その気になっていた自分がなんと恥ずかしいことか。

「旅の恥はかき捨て」とは、もしかしたら、「自分に対する恥はどんどんかけよ」、そう戒めている言葉なのではとも思えてくる。旅は恥の宝庫であり、恥なくして人生なかなか進んでゆかないものだ。

そう自分に言い聞かせながら、また懲りずに新たな旅路についている。

トルコ・イスタンブールに始まった「彼女」の旅は、ポルトガル、北スペイン、アイルランドにルイジアナ、そしていざ南米チリへ向かおうとしている。


機内が何やらざわざわとどよめき出した。閉めきられていた小さな窓の日よけが、あちこちで開けられ、目に痛いくらいの光が射し込んできた。左翼側の窓に、乗客数名がへばりついて写真を撮っている。

アンデス山脈だ。

誰に教わらなくとも、ひと目でそれとわかる威圧感で、そこにあった。

長時間同じ姿勢でひとまわり膨らんだ緩い細胞が、きゅっと引き締まった気がした。

凛とした美しい筋肉みたいな流れ。茶色いパサパサした肌合い。アンデスはまるで、息を殺し獲物を待ち受ける、巨大な生きものの背中みたいに見える。

どくん、どくんと、地響きとともに怪物の鼓動がとどろくと、飛行機は、ぶるぶるとからだを震わせながら、徐々に高度を下げ始めた。

北の章

カラマ（CALAMA）
アタカマ砂漠（DESIERTO DEL ATACAMA）
カスパーナ（CASPANA）

謎のチリ

着陸態勢、シートベルト確認のアナウンス。

あと数分で空港が見えてくるはずだが、窓の外を覗いても、人家が見える気配がない。相変わらずスエード革みたいな、ぱさついた大地が延々と続いている。

サンティアゴって、確かに首都だったよなあ、人はどこにいるのかなあ、ぼうっと考えてるうちに、あれよあれよと一気に滑走路に突入していった。

ああ久々の地面だと、きしむ足腰を伸ばし窓の外に目を移すと、いつのまにか手入れの行き届いた大規模な耕作地が広がっている。私が勝手に南米に抱いていた、破天荒なあらくれ者的幻影は、がしゃんと気持ちいい音をたてて一気に崩れ落ちた。国家機密を背負った女情報部員の、一大冒険ロマンのファーストシーンは書き換えなければならない。この期待と裏切りの法則。これぞ、旅の醍醐味。

生真面目に並んだ、広大な畑の緑の低木は、葡萄の木だろうか。

そうだ、チリといえばワインなのだった。

背丈も行儀よく刈りそろえられ、農業国チリの進んだ大規模栽培が、とても計画的に、とても綿密にキチンとこなされている感じだ。実直な国、というのが第一印象。今にも、ＮＨＫ放送が葡萄畑の中のスピーカーから流れてきそうなのだ。

そもそも、なぜチリなのか。

ボサノバに身を浸し暮れゆくリオの浜辺、悲哀と愛欲渦巻くアルゼンチンタンゴの夜、宇宙を相手に築いたとしか思えないインカ帝国の謎。

南米といえばいくらでも、インディージョーンズ的な設定は用意されているはずだ。味わい溢れる人間像、その瞬間を生ききろうと炸裂する生命の力、イマジネーションの旅へいざなう古代の足跡。

南米に行こうと思い立ち、掻き集めた資料の様々な顔ぶれは、どれも、妖艶、強烈、濃密な誘惑の芳香を放ってくる。

ところが、なのである。

南米の地図を広げ幾度となく眺めていると、物語のネタにこと欠かない積極的な国々の狭間に、南北に非常に細長いある国が、妙に気になり出した。

小さな国というわけではないのに、なぜかその存在は、わざと目立たないようにしているとしか思えないほど、ひっそりと寡黙で、言葉は悪いかもしれないが一言でいえば、「地味」なのだ。

その容姿も、真ん中にでんと恐いものなしで仁王立ちするアルゼンチンやブラジルと違い、南米大陸の西の端の端、太平洋にまでぎりぎり追い詰められ、これ以上崖っぷちに立てないと言わんばかりに、細く長く身を縮め、やっとしがみついているようだ。

チリよ、なぜそこまでか細く、なぜそこまで地味なのか。

チリの方々にしてみれば、余計なお世話と憤慨されるに違いない。でも事実、その地味さ加減、ほんとは何かあるに違いない風貌に、いつしか私は強くひかれていた。

しかし考えてみれば、チリ自体が消極的な国であるはずはなく、問題は、私自身のこの国に対する知識や情報が、恐ろしく貧弱なことだ。か細くとてもフラットに感じる印象は、きっとそのまま、私のこの国への認識不足に直結しているのだ。

不思議なこの国の地味さは、情報皆無なひとりの日本人の、頼り無いイメージそのものなのかもしれない。

きっと、チリの人々にとっては、アジアの端のちっちゃな島国日本こそ、地味きわまりない国なのだろう。自分が立っている場所が、世界のいろんなものの大小を決めてしまう。

打ち明けてしまえば、この一連の旅に出るまで、信じて疑わなかったことがある。

「世界地図は、日本が真ん中に描かれている」。これが世界共通のルールだと思っていた。

地図中央に位置するのは、赤い色で描かれた日本。その右側にアメリカ大陸、左側にユーラシア、ヨーロッパ。この法則は、私にとって何十年も、1＋1＝2と同じことだった。

しかし、『レターズ』の作品の中で訪れる国々を探すため、たまたま洋書店で購入した世界地図は、私の目のウロコを一瞬にして落としてくれた。

そこにあったアメリカ大陸とユーラシア大陸は、ロールシャッハテストの左右相称の巨大なインクのしみみたいだった。日本といえば、地図の右端の隅の隅に、未開の離島のごとく小さくはかなく、おまけのように描かれていた。それはまるで、「海の果ての遥かな幻の島ジパング」のように、存在の実体さえまだ解明されていない、微かな点みたいだった。

いつも見ている視界から、少し遠くに焦点を合せてみるだけで、斬新な真実がぽーんと飛び込んでくるから、ほんとうにおもしろい。

日本の中でせっせと日常をこなしている限り、もしかしたらその存在さえ、一生知らないで終わってしまったかもしれないチリ。私は本当にこの国のことを知らない。

何があるのか。何がないのか。この目で、確かめに行ってみたいと、いつしか強く願っていた。

お勉強が好きだ

「人生は学ぶこと」と、私は言い切れてしまうかもしれない。

知らないことを知る喜びは、美味しいごちそうをほおばる快感みたいだ。

知ることは、私の血や肉になる。

大人になった今にして、こんな風に思えることに時々びっくりするけれど、自分の興味のターゲットだけに絞っていい勉強は、こんなに楽しいものか。

数字音痴の私には、数や記号が飛び交う世界のお勉強は、トライしたけど、ちっとも血肉になったためしがない。どれも均等に暗記しなければ許されなかった学校の勉強は、あんまり楽しいものではなかった気がする。

好きなものをどんどん掘り下げてみなさい、と叫ぶ教師がいたならば、人生何か変わったろうか。

人生にとって、無駄なことは何ひとつないよと、うちのおばあちゃんが言っていた気がするが、若い脳みそと時間の、遠回りな歴史を取り戻すべく、今、せっせと楽しい勉強に励んでいる。

今、私は自分で南米に行きたいと決めて、誰に断わるでもなく学べる。なんと幸せなことか。「選べる」大人の特権。この喜びのために、教科書学習の修行時代があったとも思えてくる。

南米へ行くと決めた日から、お勉強の日々が始まった。

＊チリのお勉強

チリ（智利）　CHILEとは、先住民の言葉でCHILLI。

「世界の果て」を意味するという説もあり。

最北端の都市アリカ（Arica）から、世界最南端の町プエルト・ウィリアムス（Puerto Williams）まで、約四三三〇キロ。

東西　最大幅三六〇キロ　最狭部十五キロ。

アンデス山脈は、ベネズエラからマゼラン海峡まで七五〇〇キロ。背骨のようにこの国を貫き、南極大陸へと続く。

国土は日本の約二倍。

言語はスペイン語。

国の花、コピウエ（Copihue）。

銅の世界最大輸出国。

林業、漁業（サケの輸出）が盛ん。

＊チリの歴史

一四九二年、コロンブスの大陸発見までは、アメリカ大陸には狩猟を主とする遊牧民が住んでいた。ラテンアメリカには、アステカ、マヤ、インカの文明が誕生した。チリには、マプーチェという農耕文化も発生。

一五三六年から、スペインがチリ侵略を開始。

一八一八年、スペインから独立。

十九世紀後半までは、南米の先進国として目覚ましい発展を遂げる。

二十世紀初め、支配階級の権力が強くなり過ぎて、暴動が勃発。

一九七〇年から、社会主義へ向かう動きが強まり、民主的な秩序、治安が脅かされ始めた。

一九七三年、軍隊がクーデターを起こす。その後、アウグスト・ピノチェト将軍（Augusto Pinochet Ugarte）の独裁軍事政治が始まる。

一九九〇年、民主政治が復活。

年表や地理的事実を、報告書のように眺めても、どうも今ひとつこの国の全容が頭に染みてこない。

出回っている書籍は、どれもアルゼンチンとセットで登場し、これまた取り上げ方が、どっちつかずで曖昧だ。

とにかく、本の中からインプットされたチリの印象は、「南北にとてつもなく長く伸びる国で、その長さゆえに、ひとつの国にしては、驚くほど様々で、豊かな要素に富んでいるらしい」、ということだ。

きっとこの国にリトマス試験紙を浸したら、上から下まで一枚の紙の上に、膨大な色が発色するだろう。

そしてもうひとつ、ぼんやりとだが心に刻まれたこと、それはほんの数十年前まで、クーデターやら弾圧やら、まさかという社会がまかり通っていた場所らしい、ということだ。

独裁といえば、ヒトラーのことしか頭に浮かばなかったが、世界には知られざる事実が、わんさと溢れているのだ。

楽しむことを最優先に、観光地としての場所選びをしてきた時代には、きっと見て見ぬふりをしていた事実だろう。

ひとつの番組を作り上げる仕事として、この国にがっぷり四つで取り組もうと腹をすえると、ずいぶん色んなことが見えてくる。

とりあえず、番組のロケーションハンティングとしての今回の自費旅行では、この凄まじく細長い国土を、北の端から南の端まで、上から下へすぱっと真っ直ぐ、一刀両断してみることに決めた。

各駅停車カラマ行き

パリのシャルルドゴール空港を思い出した。

サンティアゴの空港は、シルバーホワイトに輝く、おしゃれ度満点の最先端建築だ。

第一の目的地、北の砂漠地帯の都市カラマに向かうため、国内線に乗り換える。そこから車で、長いチリを、ちょっとずつ南下してみようか、という予定だった。

チリのほぼ中央に位置するサンティアゴから北に飛び、経由地アントファガスタ（Antofagasta）にまず着陸。

ここからカラマは、もう目と鼻の先だ。

が、ここからがけっこう長かった。

まずはアントファガスタに着陸すると、停機空港というよりまるで停車駅のごとく、のろのろ、ぞろぞろと、のんびり人が降りていく。

終点カラマまで向かう新たな乗客を、しばしここで待たなければならない。からだもコチコチに固まってしまったし、気晴らしがてらトイレにでも行ってみようかなあ、と飛行機後部のトイレのドアを開けようとすると、スチュワーデスさんが飛んできて「ノー！」と、きつく叱られた。

経由地では、新しい乗客がちゃんと席につくまで、どうやらトイレは使用禁止らしい。

なんでーっと抗議しても、「ノーなものはノー」とらちがあかない。

客は席を立ってはいけないという暗黙の規則でもあるのだろうか。みんな行儀よく自分の席で、おとなしくじっと待っている。ひとつ前の席では小さな女の子が、「おしっこしたいよう」とべそをかき、せっせと母親がなだめている。

ピリピリと機嫌の悪い教師が、生徒に暗黙の威圧感を発してるような、妙な緊張感が張り詰める教室みたいだ。

通路を数人のスチュワーデスが、残った乗客の人数をカウントすべく、きびきびと行き来している。「なんで数があわないのかしら」といらついて、何度も何度も往復しているのだろうか。最低数十回は再チェックしなさい、というマニュアルでもあるのだろうか。

「逃げも隠れもしませんよ」と、ちょっとふざけて言いたいけれど、そんなスペイン語の冗談も言えやしない。

カチッ、カチッ、カチッ。銀色のカウント器具で、一個、二個、三個と、よりわけけられていく気分だ。

ぴしっと引っ詰めたヘアスタイル。にこりともしないのは社風なのか、彼女達の流行りなのか。

トイレ密封事件といい、無表情、無感情を懸命に装おうとしている彼女達の姿といい、なんだかただならぬ雰囲気だ。

どうしてだろうと、時間を持て余すついでに考えてみると、私の中でひとつの推論が出来上がった。

これはもしかすると、例の弾圧政治の歴史に何か関わっているのではないだろうか。

近代的な施設やぴかぴかの機体の陰に、ほんの少し前までこの国を覆い尽くしていた、巨大な怪物の亡霊を見た気がした。

まだまだ修行不足の私には、たやすく口にできないような、歴史の傷跡。きっと、かつてはトイレを封鎖しなければならなかった事情、厳しく人員をカウントしなければならない何かが、ここに存在していたのだ。

きっと彼女達にとって、このカウントの儀式は単に業務の一環で、悪気など全くなく、真面目に働いているだけなのだろう。サービスとか真心といった精神で、笑顔を振りまく余裕さえ許されなかった時代が、ついこの間まであったのかもしれない。

軍隊が絶大な権力を握っていたこの国の歴史が、本の中の文字としてではなく、初めてほんの少しだけ、ちゃんと感じられ始めた。

とその時、隣の席のアメリカ人らしき乗客が、スチュワーデスが横を通る度に、大声でカウンティングを始めた。

「31、53、102、75…」

スペイン語で「トレンタウーノ、スィンクエンタトレ…」と、ぐちゃぐちゃの数字を並べて唱えている。こうなったら、カウントに夢中の彼女達を混乱させる作戦なのだ。

その思いも寄らぬおかしな声に、集中を邪魔された一人のスチュワーデスさん。一瞬何がなんだか解らなくなったのか、つり上げた目尻が、ニコッ、フワッとほころんだ。

やったー。ついに剝がされた鉄の仮面。

怒る気にもならないへんてこなイタズラで、肩の張りがとれ一瞬楽になった彼女の顔は、気立ての良い親思いの農家の末娘みたいに見えた。

私もなんだか、お湯に浸かったみたいにほっとして、しばし目をつぶり、カラマへの乗客を待つことにした。

砂漠の穴

小さなカラマ空港で飛行機のタラップを降りる。滑走路のぐるっと周りに広がる荒涼とした砂の景色の中で、飛行機と自分達がとても小さく感じる。

ここから目指すのは、世界でいちばん乾いていると言われるアタカマ砂漠。一九七一年まで四百年間、一滴も雨が降らなかったというくらいだ。

ここカラマは標高二二五〇メートル、かなりの高地だが、これから徐々にもっと高所へ上がっていく。「高山病に注意」とガイドブックに書いてあったが、今のところ全く自覚症状なし。だいたいの人は、着いたばかりは何も感じず、はりきって動き回り、後でどっと頭痛が襲ってきたりするらしい。

この広過ぎる砂漠地帯を数日で回りきりたいため、地理に詳しい地元のドライバー、マウロに運転をお願いした。ほんとうなら、砂漠の真ん中でパンクしたって、タイヤ交換くらいするぞという意気込みで、先を急がず砂漠の旅に浸れたら、この道中も彩りを増すだろう。まあその楽しみは、次回にとっておこう。

お手数ですが
切手をお貼り
ください

POST CARD

1 5 0 - 8 5 6 9

東京都渋谷区桜丘町20-1 渋谷インフォスタワー19F
(株)ロッキング・オン
『手紙の行方―チリ―』愛読者カード係行

住所 〒

氏名　性別　年齢　職業

■本書についてのご意見、ご感想をお聞かせください。

■本書購入日（　　年　　月　　日）
■本書購入書店名（市町村名：　　　　書店名：　　　　）
■本書をどこで知りましたか
□1. 書店の店頭で
□2. 知人の勧めで
□3. 新聞広告：新聞名（　　　　）
□4. 書評を見て：新聞・雑誌名（　　　　）
□5. 小社の自社広告を見て：雑誌名（　　　　）
□6. 小社の書籍目録を見て
□7. その他（　　　　）
■本書をお求めになった動機は（複数回答可）
□1. 山口智子に興味があるから、ファンだから
□2. 装丁が良かったから
□3. 写真が良かったから
□4. その他（　　　　）
■本書の値段について
□1. 高い　□2. ちょうどよい　□3. 安い
■最近読んで面白かった本は何ですか（複数回答可）

■よく読む雑誌は何ですか（複数回答可）

■あなたの好きな俳優・女優、フォトグラファーは（複数回答可）

■小社刊行の他の書籍・雑誌をご存知ですか
□1. 知らない
□2. 知っているが、興味はない
□3. 購入したことがある：書名・雑誌名（　　　　）
□4. 毎月購入している：雑誌名（　　　　）
■月に何回ぐらい書店に行きますか（　　　　回）
■よく行く書店はどこですか（市町村名：　　　　書店名：　　　　）
■インターネット書店を利用したことがありますか
□1. 利用したことがある：そのWEBサイト名（　　　　）
□2. 利用したことはないが、利用したいと思っている
□3. 利用したことがない：その理由（　　　　）

■今後小社からどのような出版物を希望しますか

ご購読ありがとうございました。誠にお手数ですが上覧にご記入の上、ご投函ください。今後の出版活動の資料として活用させていただきます。なお、抽選で50名の方に2000円分の図書券を差し上げます。当選は発送をもってかえさせていただきます。

マウロの勧めで、にんにくエキスのカプセルと、アスピリンを口に放り込んだ。

高山病対策として、今のうちからこれを飲むといいらしい。高山病専用の薬を薬局で探したが、あいにく品切れで、マウロ式急きょの策に切り替えた。にんにくが高山病にダイレクトに効くのかどうか真偽のほどはわからないが、彼も運転席でにんにくカプセルを飲んでいるのを発見し、ちょっとひと安心。

なんだか「冒険」の匂い漂うこれからの道のりに、いいぞ、いいぞと胸が高鳴ってきた。

カラマといえば、世界最大の露天掘り銅山でその名を知られている。

一九一一年、カラマの北、チュキカマタ（Chuquicamata）で巨大な銅の鉱脈が発見された。

なるほどね、とわかったつもりになっていたが、ここはケタが違う。

採掘場の長さ四キロ、幅三キロ、そしてその深さは約八〇〇メートル。

八〇〇。この数字にびっくり仰天した。

私は中学時代陸上部で、八〇〇メートル競技の選手だった。この種目は、ほとんど全速力で約三分近く走りきる、かなりきついものだ。なんでこんなつらい競技に出ているんだろうと、いつも後悔しながらぜいぜいと走っていた記憶があるが、あの三分間は私にとって、一生に匹敵するくらい長い時間だった。

八〇〇メートルの深さの巨大な穴。

あの果てしなく長かった、しんどい時間が蘇る。一度落ちたら、延々と落ちていくのだろうな、と思うと本当に恐くなってきた。

その巨大な穴の壁に、螺旋状に張りつくように掘り作られた細い道を、高さ三メートルはありそうな巨大なタイヤをもつ運搬トラックが、地の底に向かい地響きとともに降りていく。

ただここには、顔を真っ黒にした男達の過酷な労働といった、重くるしい銅山の雰囲気がほとんどない。この乾いた空気と、想像を絶する大きさと、深さのせいだろうか。スコンとぬけた雰囲気だ。

見渡す限りの砂の地の真ん中で、メタリックシルバーの作業服の男達がふわふわと漂う姿は、まるで、火星の工事現場にも見えてくる。これは地球の現実なのか、どこか別の星の未来の出来事なのか。時間と空間がゆらゆら入れ代わる。

地球の資源も掘りつくし、使い切るための何かを求めて、別の星にやってきた人間達。星をちょこちょこ必死にほじくっては、星のからだの一部をわけてもらっている。そんな筋書きが勝手に頭に浮かぶ。

黙々と星に大きな穴を掘り進む、そんな人間という種族は、宇宙の異星人の皆さんの目には、果たしてどう映っているのだろう。

人間が、地球にこんなに大きな穴をあけていたことを、初めて知った。

カラマの町を出て東へ十五分ほど走れば、砂、砂、砂の大地に突入する。

遥か向こうには、うっすら雪をかぶる標高四〇〇〇メートル級の山々が遥かに霞む。太陽の光が斜めに傾いていくと、砂の大きな銀幕は、光と影のロ

マンスの舞台と化す。

到着早々、大自然が用意してくれた大パノラマ映像にうっとりしながら、サン・ペドロ・デ・アタカマ（San Pedro de Atacama）への道をひた走る。

二時間ちかく、砂の景色の中をゆく。

やはりここは、遠い宇宙の見知らぬ星だ。その印象が頭から離れない。真っ直ぐな長い道路を、ひたすら突き進んでいるだけだと思ったら、もう随分高い場所まで登ってきているらしい。緩いカーブを曲がると、凹凸の激しい岩山群が現れた。

両側を岩壁に挟まれた曲り角を過ぎ、マウロが急に車を止めた。見せたいものがあると言う。

とりたてて看板もない、砂と岩でごつごつのでこぼこ地帯。マウロは車を降りて、ざくざくと踏み込んで行く。すると、突然、これまた大きな穴が現れた。ちょっと気を抜いてよそ見でもしていたら、すっぽり穴にはまってしまうところだった。

その穴のなんとまた深いこと。直径は二〇メートルくらいだが、深い穴の底は光が届かず真っ暗だ。

マウロいわく、数年前、巨大な隕石が落ちてきてできた穴だという。想像を超えた遥かな時を経て、宇宙を延々飛んできた熱い塊が、ここに落っこちてきたのだ。

おそるおそる、穴の縁にしがみつきながら覗き込んでみた。

隕石が地面を突き破り、地底に突っ込んでいった後の壁面に触ってみる。底は静寂の闇。隕石はもう運び出されてしまったのだろうか？

深い穴の闇を見つめていると、着陸に失敗したエイリアンのあせった姿がふと心に浮かんだ。もしやあの暗がりで、円盤の修復に励んでいるのではあるまいか。

穴に手を入れると、星星が浮かぶ暗黒の宇宙の闇に、直に触れているような気がしてくる。

遥か彼方と思っていた宇宙が、すぐ隣に広がり出した。

塩の湖、月の谷

雪？　と思えば、塩。

まだ乾ききっていない、みぞれのような、塩の池。

しかも、ここは標高三〇〇〇メートル近い山の上だ。岩肌をよく見ると、波のような力が長い年月をかけ侵食した跡が、硬い岩板にくっきりと深く刻み込まれている。

何千年、何万年前、ここまで海水が満ちていたのだろうか。

V字に切り込まれた、岩山と岩山の間の細い隙間を、足場を一歩一歩探りながらよじ登ってみる。

深い海溝の底を、漂っている気分になってくる。グロテスクに蛍光色を放つ、未知の深海生物に出会えそうだ。

耳に響くのは自分の息づかいだけ。静寂と孤独の海底探査だ。

ちょっとなめてみた。
ほんとうにうまい塩だ。
このガリガリとした塩を
肉や魚をガサッと焼いたやつに
バラバラとふりかけて食べてみたい。

チリには、二千以上の火山があり、そのうち約五十が活火山だという。砂漠を走っていると、思わず「ああ、富士山」とつぶやきたくなるくらい、日本のマウント・フジにうりふたつの、雪化粧の山々が遠くに現れる。富士山はかねがねみごとな山だと思っていたが、ここチリにも、負けず劣らずの美女達が目にも眩しく鎮座している。

じっと眺めると、よいものを拝ませていただいた清清しさが残る。そんな山達に見守られながら、トコナオ（Toconao）という、小さなインディオの村を抜ける。

ここから、有名なアタカマ塩湖地帯（Salar de Atacama）に入っていく。

標高二三〇五メートル、面積三十万ヘクタール。

ボリビアのウユニ塩湖に次ぎ、世界第二位の広さ。

空気が薄いからか、人間世界の気配が薄いからか、ここでは、あらゆるものの色彩がとても鮮やかだ。

塩湖を覆う塩の白さも、わずかな湖水に映った空の真っ青も、信じられないほどくっきりと迫ってくる。

静けさを通りこして音がない。砂の粒、塩の結晶が、この世の音を全部吸

い込んでしまったのだろうか。時が止まっている。

気がつけば日は傾き始め、塩の湖がうす桃色に染まり出した。どこからか、かすかな水音。耳をすまし、音の源を探ると、つがいのフラミンゴが飛び立った。

自然の中で見かける鳥や動物たちは、ほとんどいつもカップルだ。仲睦まじい。

やっぱり生きていくとは、こういうことなんだよねえと、彼らに出会うたびに思い知る。

陽が落ちる前に、「月の谷」(Valle de la Luna)に入らなければならない。「月の谷」の夕暮れをお目当てに、あちこちから人々が訪れる。一種の観光名所だ。

ザ・観光地といえども、「月の谷」という、あまりにも優美な響きにひかれて、やっぱりまず見に行くことにした。

人々が一気に集結する、夕暮れ時のラッシュを避けようと、谷の裏側の方から入ろうということになった。といっても日本の観光名所に比べれば、恐ろしく少ない観光人口密度だが。

メインの舗装道路をはずれて、砂埃むんむんの砂利道に逸れ、パリダカールの気分でしばらく走る。

もう夜の帳が下り始めた薄暗い道なき道を、直進すること数分。

小さな立て札にぶつかりそうになり、マウロが急ハンドルをきった。明るい時間帯に、いつも通っていた感覚と違っていたらしく、左折ポイントに気づかなかった。もうちょっとで、道の行き止まりの立て札に突っ込むところだった。

車のライトに照らし出された、その立て札の文字にふと目をやると…。

「Peligro Land Mines!」

確か、この単語は…「地雷注意」のサインだ！

私は目を疑った。こんな美しい名の場所とまさに隣り合わせに、どくろマーク地帯が横たわっているのだ。しかも、こんなにもさりげなく、さも、当たり前のように。

灯りもなく、立て札の文字も、よほど注意しないと読めないかぼそさ。数十メートル四方の立ち入り禁止地帯が、タコ糸のようなもので、間に合わせのように、さっと囲ってあるだけだ。

マウロの話では、未だにこのあたりの国境付近には、かつてピノチェトがばらまいた地雷が、数限りなく息を潜めているらしい。

見上げれば、純粋無垢な茜色に燃え立つ夕空。この「猛犬注意」ほどの小さな立て札は、決して溶けない小さな氷の塊となって心に残った。


月の谷はすでに、ちょっとしたコンサート会場のように賑わっていた。太陽と月をたっぷり堪能しようと、絶好の場所確保のために、もう数百人が砂丘の急な坂道を、数珠つながりで登っている。

月の谷の景色は、その名の通り月面のようでもあり、そして、ここに昇る月も、まさに絶景だという。

どうりでざわざわと人が多いと思ったら、なるほど、今夜は満月なのだ。

さぞ御利益がありそうな特別の宵だ。

人々はこの谷の中のいちばん高い丘に、観光というよりヒーリング的な志で登るらしい。

私も急勾配の砂の坂を登り始めて、やっと気づいた。黄金の時に遭遇するためには、かなりの体力と、危険をも顧みない勇気が必要だったのだ。

この砂山は、かなり心臓破りの傾斜だ。しかもひと足ごとに、砂が崩れ思うように前へ進めない。

夢の中で、必死で前へ進もうともがくけれど、足が鉛のように重く気ばかりあせる、あの感じだ。

引き返そうと思えば簡単だ。行きは三十分、帰りは五分。砂のすべり台をするするとスキー感覚で滑り、あるいは転げ落ちればいい。といってもこの急傾斜は、スキー上級者にお勧めするが。

坂の下から見た時、すぐそこに感じた頂上は、進んでも進んでも近づいてこない。ぜいぜいと胸が苦しい。踏み込んだ足元が砂に埋もれていく。空気が薄くて、息をするのも重労働だ。

自分より先にいるおじさん、おばさん、ちっちゃな子供達に、尊敬の念が湧いてくる。

　もし一人で登っていたら、絶対すでに引き返していただろう。皆でてっぺんを目指せることは、ザ・観光地の良いところかもしれない。呼吸を整えながら、やり遂げなければ意味無し、と自分に喝を入れ直した。部活動合宿のノリを思い出し、不思議な連帯感の助けを借りつつ、とにかく登りきってみよう。


　海外の、観光スポットでよく感じることがある。

　一歩違えたり、よそ見したり、気を抜いていると、「断崖絶壁を転げ落ち、滝壺にまっさかさま」というような場所、つまり、命を落とす危険度がかなり高い場所、それらが手ごろな観光地として老若男女に愛され、どんどん皆がやってくる。

「これがもし日本だったら、絶対にロープや鉄柵を張りめぐらしていることだろう。」

そう思える景勝地が警告看板もなしに、どうぞ御自由に、とポンとそこにあったりする。

どちらがいいとは一概に言えないけれど、これでもかこれでもかと、看板を出しまくる日本の現状も、どうしたものかと思うことがある。目的の景色より、まわりの人工的なものがばんばん目に飛び込んできて、何を見にきたのだっけと、わけがわからなくなることがある。

美術館がいい例だろう。美を感じることを、ガラスケース越しに規制された国と、見る者に責任を放り投げてくる国との違い。ガラスケースに人は気を許し、べたべたとケースを手あかで汚すが、本物を生で目にした者の前には、犯してはならない禁断の糸が張り、高尚な空気のバリアが自ずと形成される。

他国のなんと奔放なことよ。そこまで私達を信用してくれるのかと、妙に嬉しくなったりするものだ。

もちろん、注意や禁止で命拾いすることは、山ほどあるはずだが（そういえばさっき、地雷注意の看板に助けられた）、いつも誰かが守ってくれると気を緩めていると、思わぬところで、なぜかずっこけたりするものだ。

守ってくれる柵もロープもない、と心に言い聞かせたとたん、人は、時には小さな子供でさえ、驚異的な生存能力を発揮したりする。必死で岩壁にしがみつき、一歩一歩確実に安全な進路を、手ごたえ足ごたえで確かめる。

まさに、この月の谷の砂山のてっぺんは、自分で自分の命に責任をもつ場所だった。

山のてっぺんで、最後の難関にぶつかった。

二メートルほどの高さの岩壁が行く手を阻み、これを乗り越えなければ、思いきり谷の夕暮れを堪能できない。垂直なこの高い壁は、足をかける凹凸もほとんどない。バランスを崩したら、左右の谷底に百メートルは転げ落ちるに違いない。

もはやこれまでかと、頭上高く立ちはだかる大きな塊を、息をきらし放心状態で見つめていた。すると、その壁の向こうから、すっと人の手が延びてきた。なんの気負いもなく、当たり前に差し出された見知らぬ人の手に、思わず涙が出た。感動した。先に制覇した者は、後ろから来る者に手を貸すことが、ここではほんとうに当たり前のことなのだ。

「グラシャス、ムーチャスグラシャス！」

と連発しながら、どこのどなたともわからない方の手に、しっかりとしがみついた。ずるずると引き上げていただきながら、必死で壁のでこぼこに足をかけてよじ登った。

壁を越えると、別世界が広がっていた。

てっぺんの特等席では、太陽と月と地球、すごい役者の織り成す見事な舞台が、今まさに幕を開けようとしていた。

夜に包まれ出した砂漠に、強い風が吹き始める。ちゃんと、足を踏ん張っていないと下界にまっさかさまだ。

この風に、ひらひらと吹き飛んでしまいそうな、小さく薄っぺらな自分を感じる。

でも、確かにこの地面につなぎ止めてくれているものは、地球とか宇宙とか、すごくでかいものの見えない力と、一緒に歩いた人たちの引っ張りあう力だと、足の裏から、しっかりと伝わってきた。

芸術とかアートとか
口ばしっているようでは
まだまだ青い
のだろうなあ。
自然がなにげなくつくる
形や線や色を
私達は完璧に
真似ることさえできずにいる。

世界一高い温泉

午前三時出発。

ドライバーのマウロが言うには、宿のあるカラマから、三時間以上たっぷりかかるという。

地図で見る限り、二時間もあれば余裕の距離かと思っていたが、山道が手強いという。

世界最高所の間欠泉、タティオ（El Tatio Geysers）に向かうのだ。

間欠泉とは、一定の時間をおいて周期的に熱湯が噴出する温泉のこと。タティオは海抜約四五〇〇メートルに位置する。とにかく世界で一番高い所にある温泉なのだ。

どこかで聞きかじった噂では、夜明けのタティオの湯煙が朝日に輝き、とても美しいという。

世界で一番高いというふれ込みと、温泉に弱い日本人のＤＮＡの叫びにつられて、かなり遠いけれど行くしかない、ということになった。しかも、今後訪れる機会もめったにない山の奥なら、やはりベストの時間帯に訪れてみようと、日の出から逆算して深夜の出発となった。

昨日一日で、砂漠と塩湖をほとんど走りつくし、月の谷の感動まで体験してしまい、宿に戻ったのはもう夜十時過ぎ。食事もおっくうで、すぐにベッドに倒れ込んだ。

眠った確信もないまま、アラームの音にしぶしぶ起き出した。

町はずれにある小さなホテルのまだ暗い部屋。この質素な部屋には、ちょっと不釣り合いな大きなバスタブがある。せめて熱いお風呂でからだをたたき起こそうと浴槽に近づくと、今まで気づかなかったが、ジャグジーまでついているではないか。

砂漠の中の町は、水や食材はさぞ限られているだろうと心配していたが、この部屋にはお湯がたっぷり入るバスタブがあり、おまけにこのジャグジー。なによりも、この町には魚がうまいというレストランもけっこうあるのだ。

この国には一種、アンバランスなおもしろさがある。

まさかというところが、想像以上に行き届いていたり、びっくりするくらいスコンと抜けていたり、実にいい意味で、よく裏切ってくれる。

眠い目をこすりつつ蛇口をひねると、緑がかったバスクリン色のお湯がたまり出した。

おかげで、一気に目が覚めた。やっぱり、旅の面白さはこれだよねえ、と、どこかで嬉しくなった。


早起きは三文の徳、と昔の人はよく言ったものだ。

今、私は口を開けっ放しで、夜空を見上げている。

恐ろしいほど早起きしたおかげで、想像を絶する美しさの、満天の星空を見上げている。

すごい、すごい。それしか言葉にならない。星の光のシャワーを浴びながら、びゅんびゅん走る。

砂漠の中の一本道は、生命の気配も感じられず、ただただ暗く、音がない。ここでパンクして、ぽつんとこの暗闇に取り残されたら、本気で恐いだろう。携帯の電波は飛ばず、助けを呼ぶ手立てもない。

相変わらず見上げれば、無限大の星の輝き。

普段決して発言できない、くすぐったい言葉が思わずこぼれた。

「ひとりじゃないと、いうことか。」

孤独と恐怖の闇の中で、独りぼっちだと絶望しても、ふと顔を上げ空を仰げば、天には星が輝いている。この地球の地面より遥かに大きい空間が頭上に広がり、無数の星星が静かに見守っていてくれる。

青春ドラマのワンシーンのような出来過ぎた感動も、旅に許される大きな特権だ。

気づけば、辺境の地にぽつんと立つ自分に、よくはっとする。

どうして自分はここにいるのだろうと。

記憶喪失のように、そこに至った経過がすっぽり抜けてしまうことがある。なぜ私は旅に出ているのだろうと、はたと我に返る。

世の中の旅立つ理由は、実にさまざまだ。

千差万別。人間の数だけ、生きものの数だけ、旅立つときの数だけ、いくらでもある。

「旅とは、結局は自分探し」。よく耳にする言葉に納得もするけれど、「ほんとうにそれだけなの？」と、くってかかりたい衝動にかられる。

もちろん、自分の魂の奥底に、深く深く降りてゆくことも「旅」。

出会わなきゃいけない人がどこかにいる気がして、出かけてゆくのも「旅」。

見知らぬ香辛料や食材を、五官を駆使して、からだに刻みつけたいと思うのも「旅」。

平和に慣れきって、ただなんとなく時を無駄にしているような、そんなだらけた自分に喝を入れるため、独りで「よいしょ」と切り開くサバイバルな「旅」。

CDで初めて耳にした音色がむしょうに懐かしく、「きっと前世は」などと何かにひかれて飛行機に飛び乗るのも、「旅」のはじまり。

梅雨のまっただなか、そぼふる雨の風情などどうでもよくなって、降り注ぐお日さまのシャワーを浴びにいくのも、流行のホテルのさらさらシーツに潜り込んで、とことん寝てみたいと思うのも、旅、旅、旅。

旅にひとつの理由など求めていられない。ヒトゲノムの記号みたいに、人が一生懸けても解読しきれない、絡み合った彩り満点の領域なのだ。

理由など旅に出てしまえば、こんなふうにスコンとどこかへ飛んでいってしまう。

ただただ、星空を見上げ、生きててよかった、と心から思うだけだ。

どんな経過を辿っても、ここまで来てよかったあ、と思えるかどうかだ。

今までの、手ごろなテリトリーで満足してきた自分や、ちっちゃな判断やルールなど、とりあえず忘れてしまおうと思う。

こんなにも宇宙は美しく、生きていることは素晴らしく気持ちのいいことで、いつだって仲間の星星に囲まれているのだから。

ただ、旅の日々は晴れた夜空ばかりじゃない。砂漠の暗闇で取り残されて、行く先を見失う時だってある。隣を見れば誰もいなくて、ほんとうにここまで来たことが正しかったのだろうか、これでいいのだろうか、不安と後悔が襲ってくる。

でも迷った時こそ、ちゃんと自分に聞いてみるチャンスだ。私の中の、そのまた奥の自分に。

すると、私を造っているミクロの細胞たちが叫び出す。

やつらは凄い本能を持っていて、

「何がしたいのか。何が好きなのか。どこに行くべきなのか。」

と、原始の言葉で攻めてくる。遠い目標が見えなくなったら、自分の中に在るすこぶる単純な欲求に耳を傾けてみる。行き先がわからない時ほど、簡素な質問に答えてみる。

「好きか、嫌いか。イエスか、ノーか。」

人間もその昔、大自然の声を聞き取る能力があったという。

大地の振動や、風、空気の匂い、目に見えない自然界の信号をキャッチして、大移動を始めるサバンナの野生動物とか、何千キロも離れた仲間の声を目指して、大海原を進むクジラみたいに。

でかい自然と、でかい宇宙が、人間をいつも取り巻いている。それを、もっと感じながら生きていた時代があった。この星のシャワーのように、絶えまないメッセージが宇宙から降り注いでいることを、みんなちゃんと知っていた。それを思い出しさえすれば、人間だって旅立ちの時を自ずと感じることができるはず。

ざわざわと心が波立つとき。

じっとしていられないエネルギーが、足の小指の先までみなぎるとき。

本のページの一節が、どうしても頭から離れないとき。それは人生前へ進むため、ひと皮脱ぎすてるため、へこんだくぼみがまた膨らむため、からだが発するシグナルなのだ。

宇宙にみなぎる情報をいつのまにか受けとめて、今だ今だと、からだが声を発している。

生きることが使命だとインプットされた細胞は、ものを選び取り込みながら、一瞬たりとも増殖を止まない。そんな彼らが、いちばん正しい答えを知っていてくれるような気がする。小さな宇宙である彼らには、宇宙の言葉がわかるはず。

星が降り注ぐ、生きるための元気の素。東京の夜空からも、開かれていたはずの宇宙への大きな窓。ここまで来てみて、やっと気づくことがある。上を見ることを思い出させてくれる。それも、旅だ。

星を眺めていると、長い道中もあっという間に過ぎる。道はいよいよ、温泉への旅の佳境に入ってきた。

舗装道路はガタガタの砂利道に変わり、曲がりくねり、狭まり、カーブごとに体が左右に吸い寄せられる。

耳抜きが時々必要で、つばを飲む。まだ車の外は暗く周りの景色は見えないが、ずいぶん高い所まで来ているようだ。

蛇行した細い山道に照明は皆無で、車のライトだけが頼りだ。もちろん、ガードレールなんてあるわけない。標高四〇〇〇メートル級の場所を目指しているわけだから、ひとつハンドルきり損ねたら、崖っぷちを転げ落ち炎上ということだ。いまひとつ実感が湧いてこない。見えない、知らない、ということは実にのんきなものだ。

一度命を人に預けたら、がたがた言っても始まらない。もうちょっと寝ておこうかと目をつぶろうとした時、ぽつんぽつんと、遠くに車のライトらしき光が見えだした。同じ目的の人々の先陣が、暗闇の決死のドライブの真っ最中なのだ。

「たぶん、このへんだろう」と、マウロがスピードを緩めた。

ちょっと不安げだ。温泉の吹き出る確かな場所は、マウロもよく知らないらしい。

周知のごとくこの国は（もちろんその他の異国も）、看板や、標識の類にいたって無頓着だ。

そのおおらかさが観光地を観光地たらしめず、とても気に入っているけれど、暗い、見えない、分からない、こんな時はやっぱり戸惑う。

しかも、脳裏をよぎるのは、どこかで読んだニュースの記事。

「地面から突然蒸気が吹き出し、観光客死亡」

生と死の隙間が、一瞬薄らいだ気がした。

なんとしても、危険を回避しなければ。温泉に吹き上げられて、あちちと死ぬのは避けたい。せめてもう少し夜が明け出すのを、じっとここで待つことにした。

ものすごい冷え込みだ。車の中でも、がちがち歯が震える。毛糸の帽子と手袋、フリースで固めてもまだ足りない。夜明けを待つ間、あまりの寒さに耐えきれず、暗闇の助けを借りて、ほんとうに久々に、大地の上でおしっこもした。ガードレールも看板もない所に、トイレなんてあるはずないのだ。用を足す自分の姿は、恥ずかしくも、懐かしくも、ちょっと誇らしくもあった。弱っちく退化した私も、まだなんとかなりそうだと、少しだけ思えてきた。

暗闇に目が慣れてきたのかと思ったら、あっという間に闇の濃度が薄くなってきた。

薄紫の世界の中に、立ちのぼる蒸気が見えだした。一瞬も止まることのない夜明けの中で、あちこちにもくもくと、蒸気が沸き上がっている。美しい。確かに。でも、どちらかというと、どこか懐かしい見慣れた景色、と言った方がいいかもしれない。

日が昇る頃、間欠泉の活動も一日の中でいちばん盛んになる。

煙の元に近づいてみると、地の底から這い出てきた熱が、ぼこぼこ、どろどろ、行き場を求めてとぐろを巻いている。

「肩までこのお湯に、どっぷり漬かりたい。」

都合のいい時だけサバイバルと叫んでみても、この湯気の誘惑にはやっぱり勝てない。

私は根っから日本人であり、修行の足りない、寒さに震える凡人なのだ。

他の先陣達は、この湯を利用して温泉卵などつくり、夜明けの朝食会に花を咲かせている。

別府温泉地獄谷めぐりなど、懐かしい日本のひとこまを、ここまで来てみ

てしみじみ思い出す。

たっぷりと時間とお金をかけて、自分の足で本当に来てみて、やっとわかることがたくさんある。

なるほど。妙に納得しながら、「高い温泉」を後にした。

谷間の宝石

暑い。重ね着を一枚一枚脱ぎ捨てる。

太陽の光が射し出すと、急激に気温が上昇する。

タティオで湯気三昧の後、もと来た山道を降りる。こんなすごい所を走ってきたのかと、しみじみ窓の外の景色に見入る。

ちゃんと見えるもん、とマウロは得意げに、びゅんびゅん下っていく。

前方に道をふさいでいるもくもくした塊を発見。

車のスピードを緩め近づくと、それはアルパカ（Alpaca）の群れだった（リャマ［Llama］も混じっているようだが判別困難）。

誰かに飼われているのか、耳に桃色と空色のキュートな耳飾りをつけている。むこうも興味津々で、全員一斉にこっちを見ている。黒いつぶらな瞳でまっすぐに。色っぽくてどきっとする。

大人になるちょっと前の少女達が、きらきら、くすくすと、みんなでうわさ話をしているようで、こっちもくすぐったくなってくる。もうすぐ恋に落ちる青年みたいな気分になってきた。

カスパーナに行こうと決めたのは、いいチリ映画を観たからだ。二十年以上前の作品だろうか。『ア・ラ・ソンブラ・デル・ソル（A la sombra del sol）』。そのあらすじをかいつまんで言えば…。

砂漠の中の谷また谷を越え、世の中からほとんど隔絶された地の果てに、小さな村があった。

村には小川が流れ、村人は畑を耕し、何でも話し合いながら、つつましや

かに平和に静かに暮らしていた。

ある日そこへ、二人の脱獄囚が逃げてくる。旅人に成り済まし、村で厚い歓待を受けながらも、最後には村人の大事な家畜を盗み、村の娘を犯して逃げてゆく。

それを知った村人は悩み討論したあげく、村にあるたった一発の銃弾で、二人の胸を同時に撃ちぬき裁きをくだす。

この映画は実話をもとに、実際にその村で撮影されたという。

私達は、舞台となった砂漠の中の村、カスパーナに向かっている。

きっとその事件の頃と、あたりの景色はほとんど変わっていないのではないだろうか。

ミニグランドキャニオンのような、切り立った岩の大彫刻を抜け、すれ違う車もない道を延々走る。

村へ折れる小道は、スピードを出していたら見過ごしてしまうところにあった。砂漠を行き来する道からは、ちょうど見えない死角になっている。そこからさらに、谷と谷の狭間を進み、そのまた奥の行き止まりに、ひっそりとその村はあった。


村の全容が見渡せる崖の上に立った。

村は、朝の気配がまだ残る新鮮な光を浴びて、本当に宝石みたいに輝いて見えた。汚れなき美しいものは自ら発光するものなのか。砂漠の中の小さな緑のオアシスだ。

ここへ来る前に、チリの人から言われていた。

「未だに村人は、外から来る者にたやすく心を開かない。よそ者や観光客がやってくると、さっと家に身を隠すだろう。彼らの暮らしを邪魔しないように気をつけて。」

しんと静まり返っている。ほんとに村人はいるのだろうか。家の中からそっと、こちらの様子をうかがっているのだろうか。

北の章

小高い丘の上に、「レストラン」という看板が出ている。外部者への間口も広がったのだろうかと、興味が湧いて行ってみる。とても食堂らしからぬ風貌だが、おねえさんが外のテーブルを拭いている。お客相手の商売のかたならば、と、思いきって「こんにちは」と声を掛けてみる。

大袈裟な尾ひれのつかない、まっすぐな、「ブエノスディアス」が返ってきた。

少し緊張もほぐれて、そこでお茶をいただいた。

すると、どこか遠くから太鼓のような音が聞こえてきた。時を知らせる村人への合図のようなものだろうか。

「今日は祭りなんだ。練習してるんだよ。」

と、テーブルを拭き終えたねえさんが、ぼそっと言い捨てて中に入っていった。

遠慮がちに村を歩いてみる。

石を積み上げた古い塀、干し草をかぶせた屋根、アルパカや羊が小川のほとりで戯れ、農家の裏庭には、りんごのほっぺの小さな女の子。

ほんとうにたまに、村人とすれ違った。ペルー、ボリビア風の帽子をかぶったおばあさん。彼女の長い髪は黒の中の黒。ふわっと丸っこいスカートがかわいらしい。畑仕事に向かうのか、急な坂をがしがし見事に降りていったおじいさん。白いリャマが一メートル近い凄い跳躍で、路地から飛び出てきた。少女も一緒に跳ね出てきて、リャマの首にかじりついて押さえ、恥ずかしそうに笑った。

出会った人々は皆、一瞬うつむき行き過ぎようとするが、こちらからあいさつすると、やあと手をあげてまぶしい笑顔で応えてくれた。

こんな小さな村にも、ガソリンスタンドがあるという。

訪ねてみると、道におじさんが一人ポツンと座っている。看板も何もないので、スタンドの在りかを尋ねると、ガソリンならこっち、と、おじさんは手招きした。

車一台ぎりぎり通れるかどうかの、狭い下り坂を三十メートルくらいバックしろという。恐る恐る下っていくと、藁葺屋根の小屋の前で止められた。

扉を開けるとドラム缶が数個、無造作に置かれていた。

「おとうふ、いっちょうくださーい。」

というノリで、ガソリンを町へ着くぶんだけ、ちょこっと分けてもらう。

そして、祭りのひとときのお邪魔にならぬよう、静かに村を離れた。

中央の章

ヴァルパライソ（VALPARAISO）
サンティアゴ（SANTIAGO）

ヴァルパライソ

チリを南北に背骨のように貫いているのは、アンデス山脈とハイウェイだ。このハイウェイを利用すれば、けっこう快適に南北に移動できる。北の砂漠地帯を後にし、車は中央へと向かう。人間の太刀打ちできない、荒涼とした砂の惑星から、徐々に人の手の行き届いた田園風景に景色は変わり出す。

チリ最大の港町、ヴァルパライソに近づいた。

このあたりはその昔、インカ帝国の支配下にもあり、一五三六年、この国を征服するためにやってきたスペイン人により、ヴァルパライソ、「天国のごとき谷」と名づけられた。

海の玄関として、貿易、漁業の中心地。この町の丘の上には、ファシズムに詩で対抗したチリの英雄的詩人、パブロ・ネルーダ（Pablo Neruda 一九〇四〜一九七三）の家が今も残り、彼を偲んで多くの人々が訪れる。ネルーダは、映画『イル・ポスティーノ』で描かれていた大作家のモデルとなった人物でもある。

そして、ヴァルパライソは坂の街。

坂を登れば遠く海が霞み、郷愁、ポエジー、そんな言葉が嫌でもはまってしまう。

港を取り囲むように、四十五もの丘があるという。その急勾配を、四角い靴箱みたいなアセンソール（Acensor）が、ガタピシと上へ下へと行き来する。アセンソールとは、トロッコ、ロープウェイ、エレベーター、階段、それらの中間みたいな乗り物で、百年前のものらしい。クレヨンで彩色したような、図工の時間に製作できそうな素朴なものだ。次元の狂った不思議な世界に、迷い込むための乗り物みたいだ。

街全体が昔のブリキのおもちゃみたいに、いい具合に錆びている。

時間軸からちょっと外れて斜めにゆがんだ坂道で、アリスにバッタリ出会えそうな町なのだ。


後から思えばこの国で、唯一、私をナンパしてくれた男性がここにいた。

街で有名な歌声酒場「チンザノ」の片隅で、彼はいぶし銀のオーラを発し、斜め四十五度の完璧な角度で椅子に座っていた。

歌い手が次々に、「我が麗しのヴァルパライソ」と、チリの心の歌を響かせる。客は合の手を入れ、笑い、涙ぐみ、歌のサビの部分では、店をあげての大合唱になる。

今や日本から消滅しつつある光景だ。

我が祖国では、カラオケで自己陶酔したり盛り上がったりするけれど、ここでは老若男女が入り交じり、同じ歌をお腹の底から歌いあげる。そこに集う誰もがひとつになる。家族連れ、老夫婦、仕事帰りのおっちゃん、いつもは流行歌を追い掛ける若者世代まで。同じテーブルを囲み、同じ話題、同じ歌で盛り上がる。

いつも、旅先で感動する風景だ。

音楽のジャンル、ヒットチャートがなくたって、「自分達がずっと歌い続けてきた歌」で、ここまで楽しめる姿はほんとうに美しいと思う。

彼の出番だ。

じっくりと間をとり立ち上がった瞬間から、彼の舞台は始まっている。せつないギターの調べにのり、なんとタンゴを歌い出した。

「恋をした。その心の痛みは、どれほどのものかわかるかい。

何ものどを通らず、昼も夜も朝も、想うはきみの姿。」

歳月を語る粋なスーツ、炎色のネクタイ、ボルサリーノハット。

まさか、チリという国の小さな町で、人生のタンゴを体中で語れる老人に会おうとは。老人といってはあまりに失礼すぎる。七十歳以上であろう彼は、そこにいるだけで、ロマンと哀愁と男の美学と、可愛さに満ち満ちていた。

歌が終わると、なじみの客の間をあいさつがてらまわっていく。

そして、私のところにもやって来ると、耳もとでささやいた。

“Yo te quiero”

なんと、「君が好きだよ」と。

ポエム

港町の夜は、歌声とともに更けてゆく。

チンザノからはしごして、“MUSEO”、「博物館」という名の酒場にやってきた。

ドアを開ければ、どよめきと活気と歌が溢れ出た。

壊れた柱時計、欠けた吹きガラスの瓶、船の舵。なんでもかんでも古道具屋のごとく、時代がかった物たちが、ところ狭しと積み上げられている。博物館と名のるだけあって、このがらくたの山が、この町を彩ってきた思い出の美術品ということか。

すでに店は「一体感」で、がらくたともども膨れ上がっていた。

マラカスとギターで、流し風の歌い手が、汗をかきかき美声を発している。昼休みの大衆大食堂みたいなどよめき。声を張り上げないと、隣の人とうまく話ができない。

山盛りのポテトフライ、それにひき続き焼き肉のてんこ盛りが鼻先を通り過ぎた。夕飯はすんだはずなのに、カーッと胃に血が流れ出し、おもいきりお腹がすいてきた。

やっとあいた端っこの椅子に座り、食べちゃおうかなあと迷っていると、隣の席の二十歳くらいの男の子が話しかけてきた。漢字の「未」という文字がプリントされたTシャツを着ている。

ひと通りの世間話のあと、「日本の詩を詠んでくれ」という。

ショック。ある意味感動だ。

彼らほどの若者でさえ、詩のひとつやふたつをそらんじて語れることが、当たり前のお国柄なのだ。

ああ、こんな時のために、美しい日本語のポエムを、脳みそにたたき込んでおけばよかった。

ムムムと、考え込んでいると、じゃあ、何か「日本語」をしゃべってくれと言ってきた。日本語というものをちゃんと聞いたことがないという。

咄嗟に口から出たのは、

「私は目黒に住んでいます。うさぎおいしかの山、こぶなつりし…。好きな食べ物は親子どんぶりです。ええと…」

思いつく限りの適当な文章を並べるしかなかった。情けない。せめて、きれいな日本の童謡でも歌ってあげればよかった。その歌をとっさに思いつくことさえ出来なかった自分が恥ずかしい。

それでも彼は、「美しい響きだ」と感動してくれた。

日本文学を、もう一度ちゃんと勉強し直そうと、密かに心に誓った夜だった。

チリの歌

これまで、チリの歌というものを聞いたことがなかった。南米といえば、タンゴにサンバに数々あれど、「チリの音楽？　なにそれ？」という図式が多くの人にも当てはまるのではないだろうか。テレビでは、日本では最近お目にかかれなくなった、大ホールで繰り広げられるゴージャスな歌謡ショーが、国民の夢をかき立てている。

一般的に音楽のジャンルは、古典から、流行りのヒップホップ系、タンゴからジェニファー・ロペスまで、あらゆる国の音楽が、どこかレトロではあるがラテンアメリカらしくぎらぎらと混ざり合って、これぞチリ音楽という定義は曖昧だ。

今の日本の音楽界にしても、アイドル、歌謡曲、演歌、民謡、幾世代ものテイストを詰め込みながら、貪欲に外来の音楽を吸収し続けている。その姿はひとことでは説明し難い。

チリの花笠音頭にあたるのは、クエッカ（cueca）と呼ばれる底抜けに明るい民謡で、国民的な祭りの際に、国中で歌い踊られるらしい。

いろいろある中でも、やはりよく目にとまるのは、ギターの弾き語りをする歌手達だ。

ちょっと悲哀を含んだそのメロディーには、過ぎ去った日々、とどかぬ想い、そんなものたちが染み込んでいて、せつなく、甘酸っぱい気持ちになる。

私世代的には、中島みゆき、さだまさしを彷彿とさせる、「悲しみにうちひしがれる自分の姿が、ちょっと好き」という美学が見え隠れする。

なかには今でも、学生運動全盛期のような、「社会への抗議手段としての歌」という匂いが漂い、じっと聞き入ると心に迫るものもある。

チリの人々は、「詩」に深い思い入れがあることがなんとなくわかってきたが、音楽の世界で私が感じた印象は、「語り」の重要性だ。メロディーラインより、何を語るか、何を伝えるかが、とても大事な要素みたいだ。

チリの歌を聞くうち大ファンになった、今は亡きミュージシャンがいる。

ヴィオレッタ・パラ（Violeta Parra）と、ヴィクトル・ハラ（Víctor Jara）だ。

ヴィオレッタ・パラの“Gracias a la Vida「人生よありがとう」”という歌を初めて聞いた時、歌詞の意味もよく解らなかったが、胸がきゅんとした。

後に歌詞をよく理解して聞いたら、涙が出た。

彼女は四十九歳の若さにして、銃で自殺という劇的な最後を遂げたが、彼女が最後に残した国民的名曲がこの“Gracias a la Vida”だ。

Violeta Parra

Gracias a la Vida
人生は私にくれた　たくさんのものを
あなたがくれたふたつの瞳で　はっきり見分ける
星の光の奥底や　白と黒を
群衆に埋もれる　愛するひとを

人生よ　ありがとう　あなたはくれた
夜と昼を聴き取る耳を
コオロギの声　カナリアの歌
ハンマーの音　犬の遠吠え　そぼふる雨
愛するひとの声

Gracias a la Vida
人生は言葉をくれた
私は思い　語り　歌う
母　兄弟　友への歌
光よ　愛しいひとを照らしてほしいと

人生よ　ありがとう　あなたはくれた
疲れた足で　歩いていける
野山へ　港へ　砂漠と海の彼方へ
愛しいひとの暮らすところへ

Gracias a la Vida
あなたがくれた　たくさんのもの
高鳴る胸の鼓動
知恵の果実　夢見る力が
深い闇を照らすとき
愛するひとの瞳をのぞくとき

人生よ　ありがとう　あなたはくれた
笑い　涙　嘆きと喜びで歌がうまれる
あなたの歌とわたしの歌
すべてのひととわたしの歌
人生よ　ありがとう

一九五〇年代初め、急速に姿を消そうとしていた民衆の中に眠る歌を、ヴィオレッタは、全国くまなく歩きながら集め始めた。忘れ去られようとしていた伝統的なチリ民謡を、聞き取り記憶した。そして、彼女を通して蘇った歌は、多くの人の心をとらえていった。貧しい子供時代を送り、苦しい民衆の暮らしを身をもって生きた彼女は、無垢な明るさとたくましさと情熱で、民謡に心を注ぎ込んだのだ。

ヴィオレッタの歌は、懸命に生きようと願う者達への賛歌であり、それは後に、独裁政治の陰で苦しむ人々に勇気を与え、自由のために立ち上がる道への応援歌となっていった。

歌うことが許されない時代が、想像できるだろうか。表したい心の声を、社会から厳しく管理される世界に生きられるだろうか。

好きなものを好き、と声にしただけで牢獄につながれるなんて、とてもとても信じられない。

よく映画で目にするそんな悲惨な物語は、いつも色のない映像で、「遥か昔の歴史上の出来事」、という現実味のないものだった。

でも、ヴィオレッタの詩を聞いていると、彼女の苦悩や喜びは、まるで今の世のことのように、まさに「生きて」感じられるのだ。映画の中の別世界の出来事も、命と色を帯びて迫ってくる。彼女の歌は、言語を超えて私に語りかけてくる。

思えば日本にだって、戦時中は、御国の為に言ってよいこと、悪いことのルールが存在し、危険な発言をしようものなら、警察が飛んできたり村八分になったり。ぞっとする歴史が、ついこの前まで確かにあったのだ。その当時を生きた方々の記憶、テレビのドキュメンタリーや映画の中で、その事実を、私達世代もなんとか垣間見ることができる。

けれどここでは、ダイレクトな映像よりも強烈に、ひとつの詩、ひとりの女性の歌声が、歴史の重みと人生の意味を伝えている。人の心から心へ、幾年月が流れても変わることはない。まっすぐに心に届く。外からやって来た、無知な私の魂にさえも。

詩や歌は、とてつもない力をもっている。

「ペンは剣より強し」。人は武器を取り上げられても、言葉で戦える。

言葉で相手を攻撃するということではなく、醜く無駄な戦いとは別の境地に立ち、心の真実を言葉にこめて生きる力としていこう。

そういう意味かなあと、漠然と思う程度だったその言葉がリアルに動き出した。

軍事独裁政治の波に翻弄されてきたチリで、詩や文学が担っていたものが、少しだけれど見えてきた。「博物館」という酒場で出会った青年が、「詩を詠んでくれ」と言ったことを思い出す。詩というものが、日々の中に生きて根を張っている。人が口ずさみ、町に流れる彼女の声を聞く度に、そのことを痛感する。

さかのぼれば、スペインの植民地であったチリには、スペインから、「デシマ（decima）」と呼ばれる「十行詩」の形が入ってきた。

韻をふんだ十行の詩の中で、恋や日々の出来事、事件や政治、歴史の記録などを表現し、民衆の思いを語り伝えてきたという。

吟遊詩人の発した言葉は、リズムにのり、耳から耳へ伝わっていった。

日本でいうなら、社会風刺の皮肉をぴりりと含んだ、川柳や俳句、かわらばん、どどいつ、みたいなものだろうか。つまり、今のラップと同じということか。

歴史を伝え記録したかつての詩の役割と、ヴィオレッタのように、心を表す自由を求め続けた人々の足跡が、チリの音楽の今の姿を築いている。


余談だが、「ペンはほんとうに強いなあ」と実感する瞬間が私にもあった。

芸能界というところに籍を置いていると、自分でも知らない自分についての事実が、ある日堂々と記事になっていて、ぎょっとすることがある。あれ？　わたしこんな所に行ったっけ？　こんなこと言ったっけ？　時には事実と真逆のことも、正々堂々と、ふんぞりかえって載っている。根拠のないことでも、文章として公に発表された途端、それは一転して群衆の中の真実となり、一人歩きを始めてしまう。

真実と余りに懸け離れ過ぎて、唖然として、笑うしかなかった事件も在る。

「山口は、八年前、睡眠薬を多量に摂取し、自殺未遂で病院に運ばれた。」

その証拠を握っているという編集者が、我が事務所に迫ってきたのだ。

もちろん、全く身に覚えなどあるはずがない。なんでも忘れる私でも、自分の生死に関わる記憶くらいは、いくらなんでもちゃんとある。「八年前」という、もっともらしい数字が鼻につく。人生どんなに落ち込んだって、健康さえあれば、美味しいものでも有り難く食べて、一晩ぐっすり眠れば、まあ、なんとかなるだろう。そう信じて疑わない私には、ほんとうに吃驚するしかない理解不能ないいがかりだ。

ましてやその話には、夢も希望もないではないか。芸能の世界は、人を楽しませる義務があるわけだから、全てにノーと言い切れないところがある。それもわかるが、この話には人を貶めようとする悪意しか感じられない。

結局小さな記事になり、世間様も馬鹿馬鹿しいと思ってくださったのか、そのまま時は過ぎたが。

ほんとうに恐い。心はやっぱり傷つく。がつんと殴られたくらいの痛みはざらにある。

しかも、名を明かさず、編集者として守られた砦に隠れている誰かさんへの反撃は難しく、そして、空しい。

ところ変われば、ペンの使い方もいろいろなのだ。

そのぶん、「自分は自分」と開き直れる図太さの修行にはなるが、凶器に成り得るペンの刃は、是非とも無駄遣いせず、世のため人のためにその騎士道を貫いてほしいものだ。

これは、今、文章を書いている自分への戒めの言葉でもあります。


自由こそ幸福へ続く道、と歌ったヴィオレッタの意志は、ヴィクトル・ハラに受け継がれた。

彼の歌も、彼の生きた時代の記録であり、真実であり、独裁と戦う武器でもあった。

彼の存在は、チリの人々の間で、伝説の人物として語り継がれている。ただそれは、彼がいかに人々に愛されたかという、とても自然な結果であって、喜び勇んで争いの先頭に立っていたわけではない。彼の歌を聞くと、戦いたくて歌をつくったのでは決してないことが、すぐにわかる。

彼の声は農民の声だ。土に触れ、働く喜びだ。大地から伸びる植物の芽のたくましさ、自分を取り巻く自然に癒される幸せ、庶民の暮らしのおかしみ、喜び。それらを、そのまま声にしただけなのだ。美しいものは美しいと。命ある自分達人間も、素晴らしいと。

ほとばしり出た魂の熱、表現したいと切望する無垢な心、その素直な彼の存在そのものが、民衆の中で、自ずと闇に射す光となっていったのだろう。

悲しいことに、遂には、チリスタジアムで歌いながら捕らえられる。

ギターを取り上げられた牢獄の中でも、最後まで握りこぶしで床を叩きながら歌い続け、そのこぶしまで打ち砕かれ、虐殺されたという。

彼の歌声は、ほんとうにやさしく美しい。

彼の命が散った一九七三年、九歳の私は日本で何をしていたのかと、ふと思う。

彼の“El Pimiento”と“Caminand”は大好きな歌だ。

El Pimiento

パンパのど真中　生きているピメントの木
命を支えるのは　太陽と風

石を冠に　生きているピメントの木
彼を見守るのは　月と風

燃え立つ炎の花　深紅の花
人知れず大地の下で
昼も夜も明け暮れて　命の糧を求めつづける

北アタカマの赤いピメント
君の枝に歌声を感じる　砂漠の中に
君は花をつけ続けなければならない
炎のように
北の地はすべて君のものだから

挫けそうになる意志も、言葉にすることで、最後まで貫き得る。美しい詩、美しい言葉は、美しいものへと導いてくれる。

ふと、言葉について考えてみると、私がこの旅を続けられるのも、もしかしたら、「言葉」が背中を押してくれているからではないか、と思う。『レターズ』という作品に自分をぶち込んで、旅がくれた素敵なことを言葉にしたいと試みる。誰かにその言葉を伝えたいと願う。

人生四十年近く、自分の手で何かを創ることがほとんど皆無で、いつもまわりのみんなに助けられてきた。そんな私が今ここに立っていられるのも、気づけば「言葉」が、ここまで連れてきてくれたのかもしれない。

映像という名を借りて、人々に出会い、彼らから素晴らしい言葉の贈り物をもらう。その喜びを独り占めするのが惜しくて、人へ伝えたいと言葉を綴る。

作文や日記が大嫌いだった私が、自分以外の力に突き動かされて、言葉をしたためている不思議。それは、旅の力でもあり、次のアクションと感動へ導いてくれる言葉の魔法だ。

今まで、言葉にすることが恥ずかしかった。世間体に縛られた小さな自分

MARISQUERIA
Rosita
CAMARONES MAYO
MARISCAL CRUDO
PAILA MARINA
ALMEJAS OSTRA
MACHAS ,,
CEVICHE MERLUZA
PESCADO FRITO AGREG.
CONGRIO ,,
CALDILLO MERLUZA
,, CONGRIO
MACHAS PARMESANA
LOMO POBRE
POLLO AGREG.
CHULETAS ,,
MARISQUERIA
PAILA MARINA
MARISCAL CDO.
JARDIN MARISCO
LOCOS MAYOS
CAMARON MAYOS
CEVICHE
CHUPE MARISCO

には、自分の言葉がなかった。たとえ仕事といえども、大衆に本心を語るなんてとんでもない、と必死に抵抗していた。

だからこそ、『Ｌｅｔｔｅｒｓ　彼女の旅の物語』では、「彼女」というどこにも属さない人物をしたてて、「彼女」の言葉を借りて旅に出た。なにをどう思おうと彼女のせいにしておける。一種の逃げだ。

でも回を重ねるうちに、彼女と私の境界線は、だんだんと消えていった。いつの間にか、「彼女」の言葉は「私」の言葉となっていった。

少々、心が自閉ぎみの私には、この段階が必要だったのかもしれないが、胸のうちを彼女の言葉に置き換えていくうちに、その言葉は命をもった。書いている私の、血が流れる本当の「私の言葉」になっていった。

言葉にするということは、ちゃんと見る、聞く、感じること。からだと心で受け止めたことを、いつくしむこと。

かくして今私は、私の言葉とともに、好奇心のターゲットに素直に突進してゆける。

日本にも、「ことだま（言霊）」という美しい言葉がある。万葉の時代から、人は信じてきた。言葉には不思議な霊力が宿ると。言葉は生まれ出ると、命をもつ。そして、その言葉が表すものへと、私達を導いてくれる。

かつてこの国で、「人生は素晴らしい」、と歌ったひとりの女性の言葉が、人々に力を与え社会を変えてきた。

美しい言葉の先に、きっと美しい世界がある。

もちろん、美しい日本語で、美しい日本ができるはず。

自分を信じる言葉で、信じられる自分になることも。

町をゆく

開け放して寝入ってしまった窓から、涼やかな朝が部屋いっぱいに満ちてきて、時計より早く目が覚めた。

くねくねと坂をくだり、港のメルカードまで行ってみる。

まだ人影もまばらな市場。野菜の段ボールを運ぶ荷車。水をまき、路をごしごし洗う音。

みんな夜更かしでもしたのだろうか。市場なのに、ぬくぬくとした温かい寝床の中みたいだ。大きな古い体育館みたいな天井の高い建物に、かんきんこんと足音が共鳴する。

真昼の稼ぎどきでぎゅうぎゅうのメルカードを、昨日覗いた時は気づかなかったが、朽ちかたが美しい建物だ。

真ん中の高い天窓から光が射す。その光のまわりを螺旋状に天へ昇っていくように、年代物の階段が三つのフロアを結んでいる。

一階は市場。上の階は、海のものが安くてうまそうな食堂街。

客が来るまで暇を持て余す店員が、テーブルを独占してテレビを見ている。

いつも、元気をもらいにいろんな国の市場に飛び込むけれど、ここは静かな水面みたいな場所だ。

水に浮かんで天を仰ぐように、居心地がよくて、しばらく光の階段の手すりにもたれ時を過ごした。

びっしりとものが並べられた店先が好きだ。
ドキドキする。
ウインドウの前で胸を高鳴らせながら
見とれてしまうこともある。
色がいっぱいあるほどいい。
ぎゅうぎゅうに詰まっているほどいい。
計算では出せない
このチグハグでバラバラな
くどいほどの色が隣り合う完璧な美。

LASTRA
16
Pescados y

ひとともものがぶつかりあう
小爆発の毎日。
鮮やかすぎる
昔懐かしオレンジファンタを
ごくごく飲みほす生命力に
ときどき
ほれぼれと見とれてしまう。

隣を走るバスをふと見ると
女光線を発しまくっているおねえさんが
バスの運転手に
モーションをかけていた。
バスの中は完璧な「二人の世界」だった。

EDIFICIO L

ヴァルパライソから、隣の大リゾート地ヴィーニャ・デル・マル（Viña del Mar）へ向かう海沿いに、魚市場がある。

浜には、山吹色とだいだい色の、かわいい手漕ぎボート風な漁船がびっしり並ぶ。カモメたちの集会所にもなっている。

夜中に海へ出た漁師達は、朝方ぽつんぽつんと浜へ帰ってくる。フンボルト寒流の冷たい水で育った、たっぷりの魚貝をたずさえて。

船からバケツで魚をばんばんくみ出す様子に見とれていると、ボンボン飾りのついた毛糸の帽子の、前歯の抜けたおっちゃんが、あれこれ魚の説明をしてくれた。

「いわしにあなご。あれはチーズをふってオーブンで焼くとうまいよー」

買い物客は、船から直接買ったバケツいっぱいの魚を、すぐ隣のブースで調理用にさばいてもらえる。

うろこをとり、皮をはぎ、骨を身からはずす、一瞬の早業。チリ流のみごとな手さばきは、長い長い海岸線をもつこの国が、海とがっぷり四つに組んで生きてきた自信に満ちている。

バカでかいウニを、その場で割ってもらい食べた。

YAMAHA

7
EDUARDO
A.D.

海の味がする。

レモンを絞って食べなよと、ウニを解体してくれたおにいさんからレモンをもらった。が、この時ばかりは、隠し持っていた醤油に助けを借りてしまった。

地球の反対側の国同士、同じ海の恵みの味わい方が同じだったり、違ったり、とてもおもしろい。

チリでは、ウニをよく食べる。しかし日本のように、ほんの少量をさも大事にハシでつつくのとはわけが違う。

チリのレストランで出てきたものは、顔ほどもある大きさのボールに、なみなみどっさり放り込まれたウニだった。大盛りウニイクラどんぶりの、ごはんとイクラの部分も全部ウニ、というようなものだ。

かるく百個近くのウニが入っているだろうか。それがビネガースープに浸っている。鼻血が出そうだった。それはそれでおいしいけれど、いくらウニが大好きでも、三年くらいウニを見なくてもいいかと思ってしまう。贅沢言ってごめんなさい。

なるたけその国のものを食べる主義だが、ウニに関しては日本主義で質素にいこうと思っている。

豆スープの秘密

ヴァルパライソで一気に時計のねじを緩めたが、この先はチリの大都会サンティアゴだ。

サンティアゴへは高速を飛ばせば約二時間の距離だが、時間の流れが緩んだついでに、ちょっと遠回りだが、山を越える道路を選んだ。

真夏の湘南顔負けの、芋洗い状態の娯楽ビーチを尻目に、この道中、小さな隠れ浜を発見した。

ひと気のない砂浜で、ぼんやり休憩しながら進んだ。

そしてこれまた、その道中、美味しいスープにも巡り合えた。

昼食のタイミングを逃したまま山道をずいぶん走ったが、あたりはまだ人家もまばらだ。今日はだめかと諦めかけた頃、小さな食堂が現れた。お客の姿はなく、活気というものがまるでない。シーズンオフのスキー場の山小屋みたいに閑散としている。恐る恐る一か八かでスープを注文してみると、これがまた絶品だった。

Porotos Granadosという豆のスープだ。とろとろに煮込まれていて、滋養がやさしくからだにいきわたる。

季節ごとの豆によって微妙に味が変わる、と御主人が言っていた。

そしてその美味さの秘密は、スープを煮込む黒いずっしりとした土鍋だという。これがあるとないとでは大違いらしい。

これはインディオの流れを汲む焼き物で、この焼き物で有名な小さな民芸村がサンティアゴの手前にあるという。

スープで満ちたりたあと、大都会に入る前に寄ってみた。

村に入ると、ほんの三〇メートルほどのメイン通りらしき道があり、いくつかの土産物店が、足の踏み場もないほどわんさかと陶器を並べている。ぶらつきながら眺めると、並んでいるのはほとんどなぜか黒い豚の焼き物だ。

なぜ豚なのかその起源はよくわからないが、黒く素朴な肌合いと、丸まるした黒ブタたちの素朴な表情がなかなかいい。豚をかきわけながら探すと、あのスープの鍋が現れた。

素朴でいいけれど、やっぱり持って帰れないよなあ、と立ち止まり考えているると、店の人が「裏の工房でも見てってよ」と言う。

表へ出て、道の真ん中に寝そべった犬を踏んづけそうになりながら裏へ回ると、男がせっせと黒い器を磨いている。近くに行って覗いてみようと一歩踏み出すと、地面に落ちていた缶の蓋にけつまずいた。ほんとに私は何もない所でもよくこける。足元に注意散漫だと、反省しながら下を見ると、落ちていた缶の蓋の文字が目に入った。

「靴墨」と記されている。

一瞬うまく結びつかなかった。

靴墨の缶の蓋、ごしごし鍋を磨くおにいさん、それらをゆっくり交互に眺めた。

そして突然、もしや、と頭に閃いた。

彼が磨いているものと黒い靴墨の関係、つまり、そういうことだ。

口を開けたまま、缶の蓋を凝視していると、

「オラ！（Ｏｌａ！）」

と、底抜けに明るい声が飛んできた。せっせと磨いていたおにいさんだ。

屈託のないまぶしい笑顔。にこっと笑ったあとも、また、きゅっきゅっとまじめに磨いている。

黒い鍋はどんどん輝きを増していく。

あまりに明るく、磨きに命を懸けているおにいさんを見ていたら、へんな勇気が湧いてきた。

靴墨くらい、がしがし消化してしまえ！　おいしいものは、おいしいのだ。

嘘のようなほんとの歴史

北はアタカマ砂漠、南は氷河に覆われるパタゴニア。

西は太平洋。東は標高七〇〇〇メートル近いアコンカグア山（Cerro Aconcagua）、アンデスの山々。

この国は東西南北、四方八方、苛酷な自然に取り囲まれている。

大昔の人々は、ジャンボジェットも大型フェリーもなく、よくぞ幾多の難関を乗り越えてここにやってきたものだ。

郊外から徐々にビルがそびえるサンティアゴの中心地へ。

いつもは人、人、人、で埋め尽くされるはずの大都会サンティアゴも、バケーションシーズンのためかがらんとしている。

今日は空気も澄んでいるようで、すぐ背後に迫るアンデスの山がくっきり見える。これはとても珍しいことらしい。特に、冬の排気ガスによる空気の悪さは問題になっているという。

南米の密林地帯の蚊も、アンデスを越えてくることはできないようで、サンティアゴの夏は四〇度近い気温になるが、全く蚊がいない。

エアコンというものもほとんどない。サウナカーの窓を開けて走ってさえいれば、びっくりするほど冷え冷えとした風が入ってくる。信号で停まっている間は、一気に車内温度は上昇するけれど。

アルマス広場（Plaza de Armas）を中心に、旧市街が広がる。

時代を物語る立派な細工を施された建築物が、高級ブランド街を見おろすように立ち並ぶ。ラテンアメリカにいるというより、ヨーロッパにいるようだ。

十六世紀の大聖堂、昔の宮殿の姿をとどめる国立歴史博物館、大きな柱がそびえる国会議事堂。

格調高く、厳粛に佇む美しい建造物。

しかしそれらは、ずっと黙って見てきたのだ。自由の名のもとにここで繰り返された数々の悲劇を。

自由広場のうしろには、モネダ宮殿（Palacio de la Moneda）がある。

モネダとは「お金」のこと。もとは造幣局だったこの建物は、改修のあともまだ新しく白く輝いている。ここではバッキンガム宮殿のように、衛兵の交代の儀式もブラスバンドの演奏とともに行われるが、この建物の名が一躍世界に広まったのは、衛兵交代の行進ではなくて、衝撃的な事件だ。


一九七三年、ピノチェトが軍事クーデターを起こす。

その三年前に樹立した、アジェンデ大統領による「選挙による南米初の社会主義政権」に対して、ピノチェト率いる「軍」が反旗を翻したのだ。

アジェンデは最後に、このモネダ宮殿に立てこもった。そして、宮殿は空爆を受けて炎上する。アジェンデは降伏を拒み続け、銃を手に最後まで戦う

32-A

が、遂に自らこめかみを撃ち自殺という、凄まじい終幕をむかえた（他殺説もあり）。

革命という大事件の中で、現役の大統領が戦死同然の最期を迎えるという凄いことは、戦国の世を舞台にした、時代劇の中での出来事だと思っていた。

さらに、嘘のようなシーンが用意されていた。

ピノチェトは、大統領の遺骸に向け、機関銃で撃ち続けることを指揮したというのだ。

今から三十年前、九歳の私は、戦争などというものの存在も知らず、テレビのアイドル歌手を追いかけていた。かつて日本に原爆が落とされた事実も、ちゃんと向き合ってみようと頭で考えても、「生まれるずっと前の遠い悲しい過去」という曖昧な切迫感でしかなかった。

人は悲しきかな、自分が体験したものの尺度、自分との比較でしか、ものをリアルに受け止めることができない。九歳の私が暮らす国で、もし同じような血みどろの事件が起きていたら。そう想定してみて、やっとちょっとずつ、言いしれぬ恐ろしさがじわじわと込み上げてくる。

ピノチェトはクーデター後、軍政を開始する。

彼の政治理念は、軍と警察で防衛された民主主義。その名のもとに、左翼勢力への弾圧が徹底的に行われ、虐殺、拘留が世にまかり通っていった。

そして時は流れ、一九九〇年、彼の引退によりチリは民政になった。が、それから後も、ピノチェトは影の強大なドンとして政治を圧し続ける。

一九九八年、病気治療を理由に英国を訪問し、サッチャー元首相の茶会などに顔を出していた彼は、スペイン政府からの要請で逮捕される。軍政時代のスペイン系市民虐殺の容疑だ。

これをかわきりに、拷問、不当な拘留、大量虐殺、国家テロ、人権弾圧の罪で、ピノチェトへの数々の告訴攻撃が始まった。

ピノチェトの言葉がある。

「左翼勢力への弾圧で虐殺した、三千人の死者、千人を越す行方不明者、その家族にわびる必要は全くない。今日の平和社会を回復するために、チリが払った妥当な価格だ。」

人が人の犯した罪、ましてや国家の歴史を裁くことは、ほんとうに難しい。

ここには、愛する者を奪われた人々の心の痛みが今なお存在する。でも一方では、私のような平和ぼけしたひとりの日本人が臆することなく旅を続けられる、南米屈指の安定した経済と治安の社会もここにある。いつもいつも背後を気にせず、のんきに歩ける近代的な町並みの、経済の基盤をつくってきたのもやはりピノチェトなのだ。

国内外からの告訴の嵐は、今のところ、ピノチェト個人に向けられている。

しかし、当時アジェンデ政権の失敗で、急速に左派の傾向を強めていたチリの情勢を懸念した欧米は、大量虐殺を見て見ぬふりをした、という声もある。冷戦時代、キューバのような親ソ連国が生まれることを、資本主義の国々は恐れ、ピノチェトの非道な行為に目をつぶったというのだ。

そして今、各国はかつての資本主義への協力者を、犯罪者として用済みにしようとしている。

正義、真実の判断も、自分の足場によって様々な形に揺らいでくる。

この旅を機に、初めてこの国の歴史を知った新参者の私には、とうていうまいことは言えないが、ただただ、ただただほんとうに、世界の平和、地球の平和を、心から願うばかりだ。

ピノチェトの裁判は、彼の健康状態の悪化を理由に、宙に浮いたままとなっている。

日本という島国でのほほんとしていると、世界で何が起こっているのか、全く知らなくても時間はどんどん過ぎる。

衛星放送やケーブルテレビなどを利用して、ちょっと欲張ってライブの世界の情報を集めないことには、どんどん色々なものが見えなくなってくる。国外で起こっている現実をちゃんと目にすることが、意外に難しいのが日本という国だ。

髪型のこととか、お肌の美白のことだけ考えていても、平和に時が過ぎることは、実は有り難いことだとわかっていても、日本の国の行方を憂うことさえ、おっくうになってくる。政治もどんどん嫌いになる。政治の世界は、ここではないどこか遠くの星の、遥かで微かなまたたきみたいだ。

でも旅に出て、全く知らない土地で感じたことの答えを探る時、その国の歩んできた歴史をひもとくと、いつしかその答えに導いてくれることがある。堅苦しい政治の歴史や年代の羅列も、ある日すんなりと、からだに入ってくる。

なぜだろう、どうしてだろう。その興味のまま本や新聞をめくると、「事実は小説より奇なり」、劇的な、信じ難い真実に直面する。

それは遠い神話でも、お伽話でもない。

人間が絶え間なく織り成し続ける、現実の記録、現実の人間の姿なのだ。

中央市場（Mercado Central）

ヴェガ市場（Mercado Vega）

前へ進むことが、ちょっとしんどくなった時、市場を歩く。

「食べて、生きる」究極の原動力の波に飛び込む。

市場の活気にひと揉まれすると、しゅんとした疲れた思考は、むくむくと生き返る。

どんな日々の現実があろうとも、社会状況がどうだろうと、市場には踏ん張って生きる庶民の暮らしがある。人の底力が満ちている。

しっかり食べて、頑張ってゆきましょう、という希望が見える。

食材を買い込むお母さんやお父さんの背中に、それぞれの家族の顔や、人生の物語が見える。

ああ、もう、と人生投げ出したくなる時も、市場でぎゅうぎゅうに揉まれると、なんだかとても安心する。

やる気満々の皆の気が、いつの間にか私にも乗り移っている。なんとかやっていけそうだと思えてくる。


市場を歩くと血沸き肉躍る。

オフィス街、高級ブランド街では見られない、超個性的な、味のある顔の人々に出会える。

上野アメ横を彷彿とさせる、低音だみ声の客引き。

目があうと、包丁さばきに気合いが入る肉屋。

PUNTO AZUL
FRUTAS PUNTO AZUL
SOLO DE 1ª CALIDAD
450
Huevos
HUEVOS

Oferta
HARINA
ECONOMICA
9.350.
50 kilos
CON
BOLETA
Oferta!
HARINA
5 KILOS X
1150.
COLON
TOMAT

フットボールみたいな西瓜が、ほいほい調子よく積み上げられていく。目にも鮮やかなピクルスの大だる。効きそうな薬草の専門店。今にも喋り出しそうな、元気満点の野菜達。一本裏の通路には、カウンターでがしゃがしゃかき込む、うまいメシ屋。ぺこんと懐かしいアルミの器や、使い道に頭を悩ませる見たことのない道具の数々。

中央市場の大食堂は圧巻だ。西欧の昔の駅みたいに、高い天窓から光が射し、万国旗まで下がっている。ここで運動会もできそうだ。その競技プログラムの一種のように、いくつものレストランが世界の言葉を駆使して、客引き合戦の最中だ。ちょっとでもひるむと、呼び込みの声に圧倒されて、あれよあれよとテーブルに座らされてしまう。

言葉の連射に根負けして、このへんで手を打つかという気になるが、自分の動物的勘をこんな時こそ試してみたい。場内を二、三周したあと、庶民的

ながらもワンランク上の紳士的余裕の感じられる、端っこの店に引き寄せられた。

文句なしにうまかった。

まずは、セヴィチェ（Ceviche de Corvina）、チリの代表的前菜、魚のマリネ。アングーラというウナギのベイビーのにんにくオイル煮（Angulas al Ajillo）。

これでもかというほど魚貝を放り込んだスープ（Sopa de Mariscos）。アナゴを焼いて海の幸ソースで（Congrio con Salsa de Mariscos）。とにかく魚貝は豊富でびっくりする。

メイン料理の付合せに「ごはん」も頼めるので、胃が疲れた時は、焼いたサーモン、ごはん、隠し持ってきた醤油で、鮭の焼き魚定食がいただける。そして、極めつけに幸せなことは、毎食、冷えたチリの白ワインが飲めることだ。

私は白ワインに目がない。地域ごとに結構いろんな農園のものがあり、申し訳ないほどに、安い。

うまいワインは安い。これは本来の正しい姿だと思う。

収穫年や香りの分析に脳の判断を要するワインより、日々汗を流したあとに、すっとからだを通り、食欲を呼び覚まし、きちんと体にしみ込むもの。大地の恵みをざばっと浴びるような、そんな野太いくらいのものが私は好きだ。

食べ物の話になると止まらない。突然だが、私はプリンにも目がない。バケツに入れて冷やし固めた、ぷるぷるの超特大プリンを独り占めすることが、子供の頃の夢だった。当時、鍋にプリンの素を溶かし、火にかけて作るママプリンが最高のおやつだったのだ。小学校から下校して、まず冷蔵庫を開け、ごはん茶碗の中で冷たく固まったママプリンを、つるんとひと呑みするかのごとくお腹に流し込む。それが至極の楽しみだった。食欲が人一倍旺盛だった私には、ごはん茶碗一杯分のプリンは、かえって食欲を呼び覚ますようなもので、おかわりしたくてたまらなかった。しかし、お行儀が悪いと指摘され、プリンは一日茶碗一個と、涙を飲んで頑張って自分を律していた。

その反動か、大人になった今現在、とても幸せなことに、訪れる国々でプリン荒らしに奔走している。

チリもスペイン侵略の置き土産で、おいしいフランに出会える確率がとても高い（スペインの田舎のプリン＝フランは素朴で、おかあちゃんの味がしてたまらない）。

この市場の食堂でも、すばらしい品を堪能させていただいた。

レチェ・アッサーダ（Leche Asada）だ。直訳すれば「焼き牛乳」だが、「焼きプリン入りキャラメルスープ」とでも言えばいいだろうか。プリンが隠れるくらい、ひたひたのスープに浸っている。正統派フランとの違いはよくわからないが、微妙な区別を考える余裕もないくらい、I Love プリン！なのだ。

そのうち、この店の名物店長らしき白ヒゲのおじさんがテーブルにやってきた。カーネル・サンダース氏的な安心感と、スターとしての輝きも感じられる。今気づいたが、各界の有名人と握手を交わしている写真も壁にある。

「ほんとにおいしかった！」と素直な感想を、かたことスペイン語で伝えると、彼は身を乗り出して耳打ちした。

「うちの料理はぜんぶ妻の味です。彼女の料理そのまま、それがうちの味です。私はなーんにもしてません。」

かわいくウィンクしたカーネル・サンダース氏は、ますます輝いて見えた。

もうひとつ、チリを旅して、忘れられない味がある。

古い小さなライブハウスのおばちゃんが作ってくれた、チリ版サムゲタンだ。

鶏をまるごと鍋に放り込んでいろんな野菜と一緒に煮込んだだけの、とてもとてもシンプルな、ごった煮スープだ。しかも鶏は、ほとんど一匹まるごとが一人分なのだ。

その名も、カスエラ・デ・アヴェ（Cazuela de Ave)。

とうもろこし、じゃがいも、にんじん、玉ねぎ、野菜達も元気な形のまま、ごろごろとひしめいている。

運ばれてきたスープは、山のようにこんもりと具が積み上げられ、まず驚いた。

まずは、ひとくち。染み込むようなあまりの美味しさに、びっくり仰天した。

形がまるまる残る立派な鶏は、柔らかく煮えていて、ふわっと夢のような味だ。

皿からはみ出さんばかりのスープに悪戦苦闘していると、隣の人が、「こ

うやると食べやすいよ」と手本を見せてくれた。

彼はまず、とうもろこしをフォークで突き刺し、がりがりかじる。大きな鶏は別の皿にとって解体し、少しずつスープに戻し加えながら食べている。なるほど、気持ちいいダイナミックな食べっぷりと、慣れ親しんだ無駄のない食し方。

熟練の足らない私は、結局、食欲に身を任せ大口を開けてかぶりついた。ひと口ごとに、からだがうれしい、うれしい、と喜びの声をあげている。幸福感がじわじわとからだじゅうに染み渡っていく。

この料理こそ、チリの家庭の味なのだろう。きっとレストランでは出会えない、おかあちゃんの味なのだ。

おばちゃんが働くキッチンを覗かせてもらったが、彼女いわく。

「ほんとにこのスープは、野菜と鶏をばんばん鍋に入れるだけ。味つけは塩だけよ。」

料理はこねくりまわすものではなく、大地の恵みを極力邪魔せず、ありがたくいただくことだ。そう思い知る。

そして、このおばちゃんにしかつくれないスープの隠し味は、かけがえのない家族や暮らしへの愛のエッセンスなのだろう。


食べ物はすばらしい。

湯気の立ちのぼる皿に集まる人々の、わくわくする顔が大好きだ。

その瞬間は、まったく嘘がない。美味しいものを前にすると、虚栄の鎧も消えていく。大嫌いだと思っていた奴の顔まで、食べ物の前ではかわいく見える。


大自然がわけてくれた食べ物を、どうせならより美味しく、からだに入れてあげたいと思う。

食べ物を囲んで、ちょっとでも幸せなひとときが生まれ、どんどん膨らんでいけばいいと思う。

悩みごとなどとりあえず置いておいて、食べてから考えればいいではないですか。

なんだか、へんてこかもしれないが、私流、人生論です。

歌の道

かつてのピノチェトの弾圧政治のもと、多くのミュージシャン、アーティスト達が国外に逃れていった。

そのまま帰らなかった者、平和を取り戻した後、故郷での新たな道を探り帰国した者、どこへも行かず、ずっとここに留まることを決意した者、さまざまだ。

チリで有名な歌手、ティト・フェルナンデス（Tito Fernández）も、一九七三年、九月十一日のクーデターで捕えられ、後に保釈されたが、彼はここに留まることを決意した。

彼に取材を申し込み、サンティアゴの家を訪ねた。

そこで、彼のギターの弾き語りを初めて目の前で聞き、あまりの職人芸に鳥肌がたった。引き込まれて、ただただ聞き惚れてしまった。

ＣＤに封じ込められた、「記録」みたいな音を聞くのとはわけが違う。たぶんこの国の音楽は、体裁のいいＣＤの狭い世界の中では、本領を発揮しにくいものなのではないだろうか。

40

彼の歌とギターが流れ出すと、その場の空気がじわっと溶け出す。彼の生きてきた時間の渋みが、耳からというより、お腹の真ん中あたりに暖かく伝わってくる。

スペイン語理解能力が低い私にもよくわかる、耳ざわりのいい言葉の流れ。ひとつの言葉の響きが次々と新たな言葉を生み出す魔法。天性の吟遊詩人。彼の言葉と歌は、韻をふんだ小気味よいリズムに乗って、ひとの心を楽しくさせる。

もうひとり、人間国宝的ミュージシャン、エドゥアルド・ティオ・ラロ・パラ（Eduardo Tío Lalo Parra）に会った。

ティオ・ラロとは、「ラロおじさん」という愛称。人々は親しみを込めて、彼をそう呼ぶ。つまり、「スター、にしきのあきら」みたいな感覚か。

その老人に引き合わせてくれたのは、チリのロック界のミュージシャン、パブロ・ウガルテ（Pablo Ugarte）だ（ＵＰＡというグループでＣＤも出している）。

エドゥアルドをとても敬愛していると彼は言う。ものすごく飛躍してたとえれば、キムタクが、深く影響を受けた心の師として、エノケンを紹介してくれるようなものか。

八十歳を越すエドゥアルドは、サンティアゴ郊外で、年の離れた奥さんと慎ましやかに静かな暮らしを送っていた。

「彼女に命を助けられたんだ。昔、重病で死にかけて、看護婦だった彼女がずっと看病してくれた。」

彼はそう奥さんを紹介した。二人はかたときも離れることはない。彼女はいつもエドゥアルドの後ろに控え、手となり足となっている。

エドゥアルドは、チリで六十年以上も歌い続けてきた。

彼の歌の歴史は、姉であるヴィオレッタ・パラと、街角で歌うことから始まった。

先述した通り、姉ヴィオレッタは、チリの魂ともいえる国民的ミュージシャンだ。

パラ家の兄弟の面々は、エドゥアルド以外にも、歌やアートや詩の世界でチリの文化史にその名を数多く残している。芸術一家として、チリで知らな

中央の章

い者はいない。

エドゥアルドは語ってくれた。

彼の子供時代、貧しかったパラ家は小さなサーカス団を作り、歌を歌いながら農村を巡っていたという。

「学校なんかに行くより、ただ、歌っていたかったんだ。」

彼の歌の世界は、政治の影や権力抗争から遥か遠い。聞いていると、美しくのどかな田園風景や、夜通し歌い騒ぐ仲間達との饗宴が目に浮かんでくる。

苦しみと悲しみ、それがあるからこそ人生。それよりも歌える喜びを高らかに笑いながら、このでこぼこの野原を、気長にゆっくり歩いていこうよ。そう語りかけてくる。


『レターズ』という作品づくりの中で、いろいろなひとにインタビューをお願いすると、いつも感動することがある。

「あなたの人生を話して」。そんなこちらのシンプルで難しい要望に、人々はカメラの存在などどうでもいいように、延々と語り続けてくれる。

生きてきたぶん、見てきたぶん、情熱のぶん。
止まらない、止まらない。三十分でも、一時間でも。
いつも、そのおもしろさに引き込まれ時間を忘れてしまう。
自分の人生の主人公を楽しんでいる。生きざまへの誇り、故郷への愛に満ちている。
すごい。ほんとうにすごい。私なんて、三十五秒くらいで話がつきてしまうだろう。
彼らに出会う度に、私もいつか、ああなりたいと心から思う。
ちゃんと語れるものを、人生に見つけていきたいと思う。
そんな彼らに出会いたくて、また旅に出てしまうのかもしれない。

エドゥアルドも、激動の時代の記憶を、からっと笑い飛ばしながらたっぷりと語ってくれた。いつも歌とともにあった、賑やかな人生の物語を。
そして今日は、パーカッション、アコーディオン、彼の昔なじみの連中が古いライブハウスに集まった。

このライブハウスの壁は、チリの代々の歌い手達の写真でびっしりと天井まで埋めつくされている。

ロック界のパブロもギターで参加して、セッションが始まった。

時が遡った。土の香りのするようないい歌だった。彼らの遠い記憶、人生へのいとしさが染み込んだ、正真正銘のチリの歌だった。

エドゥアルドが演奏してくれたのは、パラ家の家族を詠ったという曲。それと、火星人をイメージして作曲したという歌。その当時から、ぶっ飛び方がぴか一だったのだ。

そして私達に、「来てくれてありがとう」と微笑み、奥さんと手をたずさえあって帰っていった。

「僕に残された時間は少ない。僕との人生を今すぐに決めてくれ。」

そう彼女に強引にプロポーズしたという二人のエピソードを、パブロがこっと教えてくれた。

人生の喜びを歌いながら、激動の世を生きてきた老戦士の背中と、寄りそう彼女。

二人の姿が私の心に焼きついた。

南の章

テムコ(TEMUCO)
オソルノ(OSORNO)
プエルト・モン(PUERTO MONTT)

テムコの興奮

チリ最北端の都市、アリカから、陸路の尽きる南のプエルト・モンまで、アンデス山脈と平行するように、約三〇〇〇キロのハイウェイが続いている。

その真っ直ぐで快適な高速道路にもどり、南へ向けてまた走り出す。

南米縦断の旅というと、土埃をあげてでこぼこ道を延々と進む、サバイバルな道のりに思えるが、この国では、まっすぐ南北移動するだけなら、このハイウェイがあっという間に運んでくれる。まるで、超高層ビルの最上階まで、数秒で辿り着くエレベーターのようだ。といっても、数日がかりのエレベーターではあるが。

途中、ホーンテッドマンションなみの幽霊ホテルに泊まったりしながら、町から町へと渡り進む。

気がつけば、空気は湿り気を増している。緑もずいぶん濃くなってきた。

チリでは、南へ行くほど寒くなる。南の島の楽園ではなく、南の極寒の大地なのだ。

北の砂漠、中央の田園地帯、そして南部へ入ると、森とたくさんの湖、そしてたくさんの火山の地。景色はみごとに変化していく。ハイウェイエレベーターに乗ると、各階ごとの、強い個性の移り変わりがよく見えておもしろい。

南部の湖水地帯の入り口、テムコに近づいた。

テムコといえば、市場だ。

サンティアゴの市場で感動するのはまだ早かった。フェリア・ピント(Feria Pinto)と呼ばれる、ここテムコの市場に一歩足を踏み入れると、脈拍は全力疾走なみに高まった。

屋根替わりのビニールテント越しの朝の陽が、オレンジ色の暖かな舞台照明となっている。雑多でやる気満々のざわめきが、オーケストラの音合わせみたいに、無秩序に共鳴している。

私にとっては夢のような市場だった。泥くさく、無垢な食の本能の凄みに満ちている。

あまりに心躍ったので、目に飛び込むものすべて、心の中にひとコマひとコマ、夢中で連続写真を撮り続けた。

生きたニワトリが足をしばられ、むくむくと並べられている。
まるまる夏の光をため込んだトマト。
でかいナタで、ばしばしトウモロコシの皮をはぐ。
その横で野菜にうずもれながら、マテ茶をすするおばさん。
赤、黄、緑、目にしみる山積みのとうがらし。
ずしりとまるごとぶらさげられた肉の塊。馬肉屋まである。
立ち食い揚げパン屋の匂い。
もちもち、ふわふわのチーズをひときれ試食。
くまのプーさんが採ってきたような、甘い色のはちみつ。

そのうち地球の食糧不足も加速して、やがて生き残るのは農業大国チリな

南の章

のではないか、と真面目に思う。

そしてもうひとつ。なぜこんなにも心がワクワク浮き立つのかといえば、それは、マプーチェ族がぞくぞくとやってくる市場だからだ。マプーチェ族は、市場の人ごみの中でもはっと目をひく。

鮮やかなスカーフにマント。女性が身につけるみごとな銀細工の首飾り。テムコには、アラウカーノ・マプーチェインディオの自治区があり、この町では、特にこのフェリア・ピントで、彼らの姿を目にすることができる。チリという国では、ヨーロッパや北米にいるような錯覚に陥ることが多々あるけれど、彼らに会うと、一瞬にして南米大陸へのロマンが蘇る。東京の町で刀を差した武士を見かけたような、そんな劇的なときめきがある。

絨毯や肩かけ鞄など、手作りの品々を体中にぶらさげて売っているおばさん。水色をした卵、ペットボトルを改造した入れ物にぎっしり詰まったラズベリーなどなど、路上にものを並べて売っている人々。複雑な縄張り問題があるのか、マプーチェの人々が、市場の屋根の下で商売することは難しいらしい。

彼らは愛想がいいわけでなく、品々もそっけなく無造作に並んでいるが、ついついそそられる暖かいものたちだ。

そして、なぜか彼らに興味と親近感が湧いてくる理由。マプーチェ族は、まるで「日本人」の顔なのだ。

マプーチェ（Mapuche）とは「大地の主」という意味だという。

十六世紀、スペイン人が南米に侵入してきた時、ここはマプーチェ族の土地だった。

今のチリの真ん中から南にかけて、マプーチェのアラウカーノ族が暮らし、スペイン軍の攻撃にも最後の最後まで勇敢に戦い、互角にやり合ってその名を世に広めた。

ちなみにチリの国旗の色は、雪の白、空の青、そして、マプーチェの色である赤を表すという（赤は独立戦争で流された血、と解説するものもあるが）。

いくつかの書物でマプーチェについての記述を目にしたが、どれも、「勇敢な強い民族」という定評だった。

その当時、たいそうな近代的武器も持たなかったはずの少数部族マプーチェが、南米攻略をすごい勢いで押し進めていたスペイン軍を震え上がらせたのだ。その秀でた馬術や戦術、団結力の凄さが偲ばれる。

マプーチェの独特の強さを語るエピソードとして、軍事独裁政権のピノチェトが、頭をひねって遂行したマプーチェ攻略法がある。

マプーチェには「土地を所有する」という概念がない。共に耕した大地の恵みを、皆で分け合う。そうやって長い年月、何よりも強い一致団結の力で生きてきた。

そこで、強力な彼らの力を弱めるために、ピノチェトが考えた作戦は、一人一人に土地を分配し「所有させる」システムだ。手を取り合ったら、とうてい太刀打ち出来ない力を発揮する彼らの団結力を、土地とともに分散させたのだ。

そんな歴史を経て、現在彼らは、土地政策をめぐって政府に抗議を続けている。

テレビのニュースでは、少々攻撃的な警察への反撃の場面もよく報じられるが、彼らは失いつつある先祖伝来のやり方を、また取り戻そうと戦っているらしい。

WE TRIPANTU 2001

MAS TENGA
VIDA ETERNA

『WICHAN（審判）』という、十年ほど前の白黒のチリ映画を観た。

マプーチェ一族の話だ。

「罪と償い」をテーマに、良心と村の掟の狭間で揺れ動く、マプーチェの青年達の心の葛藤みたいなものが描かれている。

彼らの言語マプーチェ語で、会話は進んでいく。スペイン語字幕なので、物語の展開の詳細は自信がないけれど、その映像は強く心に残った。クロサワの『七人の侍』を観ているようだった。

彼らは長い黒髪を風になびかせ、馬で野を駆けめぐる。ひとつひとつ言葉を選びながらの殺気溢れる対立の場面。気配で敏感に、互いの心のうちを読み合う戦い。武士魂、無我の境地まで漂い、立ち居振る舞いに隙がなく美しい。

昔からの真実、強いものは美しいのだ。

書店でマプーチェの古い写真集を買ってみた。

明治維新の英雄を思わせる、威厳あふれる姿。頑固で誇り高き、するどい眼差し。男も女も生きぬくための強い力で満ちている。

日本から遥か遠く、地球の裏側で、自分の御先祖さまの古いアルバムを探しあてたみたいな不思議な感覚だ。私達日本人と彼らは、ＤＮＡの中に同じ記号が刻み込まれていることを確信する。

やはりどうしてもマプーチェに会いに行かなければ。

マプーチェの地へ

その日は朝からドキドキしていた。

謎のベールで覆われたマプーチェに会いに行くのだ。

昨日もテレビのニュースでは、デモ集会を起こし警察と闘争する、ちょっと過激な彼らの一面が取り上げられていた。国や外部者に対し、彼らはかなり敏感になっているみたいだ。

マプーチェの悪口も、いくつかチリで耳にした。

北の砂漠の空港ゲートで、隣に座った品のよい白髪のおばあさんと話し込んだ時のこと。チリで日本のドラマ『おしん』が放映されて以来、大の日本びいきになったという彼女は、その昔ドイツからチリにやって来たという。

「ヒトラーさんの時代には…」と、その当時の思い出話をあれこれしてくれた。

その彼女ははっきりと、「マプーチェが嫌いだ」と発言した。

「彼らのほとんどが、呑んだくれで仕事もしないで、政府にはむかう」という噂も聞いた。

ほんとうだろうか。

のこのこ会いにいったら、大変な目にあうのだろうか。知らないということは恐ろしいことで、あらぬ妄想が次々に湧き起こる。

そういえば市場で、マントを羽織ったマプーチェのおばあさんが素敵だったので、写真を撮らせてくださいと申し出た時のこと。彼女はさっと顔を隠し、だめだめと、急いで去っていった。その様子はやはり、外部の者や自分達の扱われ方に対して、とても神経を尖らせているようにも見えた。チリの社会から隔離されたように、自治区に集まり暮らす彼らの様子には、「一見さんお断り」的な雰囲気が漂っている。

そこで、あの『審判』という映画を作った監督さんの助けを借りて、その映画の脚本を書き、村長役で出演もしていた、マプーチェ族のロレンソ・アイジャパン（Lorenzo Aillapan）を紹介してもらうことになった。

テムコを出て西へ、海に面するプエルト・サーヴェドラ（Puerto Saavedra）へ向かう。

静かな海岸沿いの小さな町で、ロレンソと落ち合うことになっていた。彼はさっそうと現れた。人だかりの中を遠くから歩いて来た姿は、一目で彼だとわかるほど格別のオーラを発していた。

長髪をうしろで束ね、よく着込んだ幾何学模様のポンチョを翻し、マプーチェがよく作る手編みのバッグを肩から斜めがけにしている。

袴姿に日本刀を差し、風に吹かれて歩く剣の達人がよぎった。

あいさつを交わし、手を差し出すと、目尻に深い皺と少し控えめな笑みをたたえながら、強く手を握り返してくれた。

番組の主旨を誠心誠意説明し、取材と出演をお願いしてみた。

じっとこちらの話に聞き入る彼の深い眼差しを見ていると、今までのあらぬ噂など、一瞬のうちに全て吹き飛んでいた。

人間対人間の意思を、真っ直ぐに偽りなく伝え合うこと。きっと彼が、だいじにしていることなのだ。あの映画の中のシーンのように、互いに目を合わせ、心からの言葉を交わし合う。目はすべてを語るというが、ほんとうだ。彼の瞳には、潔く嘘のない力が宿っている。

「できることは、協力しましょう。」

最後にロレンソは、しっかりとうなずいてくれた。

ただ、マプーチェ族としての、マスコミに対する一貫した強い方針があるらしく、取材の申し入れの是非は、他の仲間達全員の了解を得ないと決定することはできないという。団結のマプーチェだ。

映画の脚本を自ら書くロレンソは言った。

彼の目指す道は、抗議デモで強行突破する方法ではない。自分達の文化、存在を、世間により広く伝えること、それが互いに理解し合う道だという。

かつてのチリの、歌や詩で、軍事独裁政権に立ち向かっていった戦士達の姿がよぎった。ここにもひとり、その道を貫こうとする男がいる。どうにもならない大きな力も、熱い思いをこめてものを創り出すことで、確実に何かが変わっていくのだ。

彼の仲間達に会いにいくことになった。

まず、しなければならない準備があるという。

村の雑貨屋に向かった。小麦粉、さとう、マテ茶の袋をいくつか買った。ロレンソいわく、人を訪ねる時は、心ばかりの手みやげを持参するのが彼らの流儀だという。

他国のしきたりとは思えないとても日本的な気遣いに、顔形が似ているだけでなく、ますます他人の気がしない。「ささやかではありますが、皆様で召し上がってください」。日本の古典的訪問儀礼のルーツを見た気がした。


車一台分ほどの幅の狭い砂利道を、登ったり下ったり曲がったりしながら、いよいよマプーチェの村に入っていく。

丘の上から見下ろすと、ブディ湖（Lago Budi）の水面に日の光が反射して、鮮魚の鱗のようにキラキラと輝いている。この湖は、深い水底で海とつながっていて海水が流れ込んでくるという。

見とれていると、牛が荷車をひいてやってくる。どきっとする。狭い山道ですれ違うには、結構な技がいる。

父親が牛を操り、荷車には、赤いほっぺたに洟をたらした小さな子供と、赤ちゃんを抱いた母親が乗っている。

懐かしい。これは確かに、かつて日本にも存在した風景だ。

小さな子供の頃、テレビで観ていた『唄子、啓助のおもろい夫婦』という番組が蘇った。

登場する夫婦達の、一連の漫才のごとき掛け合いがおもしろい番組で、唄子さんがゲストの苦労話に涙するのも呼び物になっていた。そして最後に、毎回お馴染みの映像が流れ、番組は感動でしめくくられる。

その映像が、今、目にしているこれだ。荷車に揺られる「めおと」と「乳飲みご」。「おもろきかな、夫婦とは…」と一遍の詩とともに、夕日に照らされた野道を、遠く去ってゆく家族。その絵は子供心に、家族の愛の象徴として焼きついていた。

一日の畑仕事を終え、家族みんなで家路を辿る。今の日本では、もう出会えない情景だろうか。

冷や汗をかきかき荷車とすれ違いながらも、懐かしい日本を思い出してい

た。

腰を曲げ、鎌で麦の穂を刈る娘さんたちがいた。頬を赤く染めながら、こちらに手を振ってくれた。

そろそろ点々と、マプーチェの農家や畑が見えてきた。

藁葺き屋根のたたずまいは、まさに日本の昔のお百姓さんの家だ。農家にまだ土間があった頃、だいじな家畜とともにそこで暮らしていたように、山羊や馬や豚や鶏が、そのへんをちょろちょろ駆けてゆく。

ロレンソのあとについて、農家をいくつか訪ね取材の協力を願った。

皆、じっと話に耳を傾け、まずは、「ふむ」という沈黙がおとずれる。

今まで彼らは、社会や政治から、たくさんの裏切りを受けてきたのかもしれない。その沈黙が、彼らの心の傷の深さを物語った。長い戦いの時が、彼らの心に厚い覆いを被せてしまったのだろうか。

しかしどの家々でも、ロレンソはこちらより熱心に彼らに力説してくれた。

「始めてみなければ、何も変わらない」と。

外からやってきた者の侵略を受け、軍事政権の恐怖に威圧され続けた民族の心の葛藤が胸にしみた。出会うマプーチェの人々は皆こころ優しく、しかし、閉ざすことが身を守る方法だった長い歴史のために、心底心が開けない。

でも、これだけは強く感じた。彼らは、変わりたいと願っているのだ。自分達はどう生きるべきかを、真剣に探っているのだ。

ロレンソとマプーチェの皆さんの、悩みながらも進もうとする姿勢に、打たれた。

彼らの思いを決して裏切らない作品を、ちゃんと作りたいと思った。

彼らの姿だけでも、ひとつのドキュメンタリー作品として世に残さなければならない、と強い使命感のようなものさえ湧いてきた。

世間からの誤解や差別に屈せず、己の道を貫く全力投球の生きざまに、私はどう応えられるのだろう。

自分が作ろうとしている『レターズ』とは、彼らにとって何なのだろう。

旅人が初めてその地を訪れ、表面をなぞりながら、それまでの価値観に何か疑問を抱く。そして、人や音楽、文化から感動を再発見していく。

これまでそれでよしと思っていた、おいしいところどりの筋書きに、自分の甘さを思い知る。

巡った国々でカメラに残してきたものは、歌や踊りや食、日々生を謳歌する喜び、故郷を愛する人々の姿。そんな、真正面から見る異国の素晴らしさだった。

社会問題を掘り下げてレポートし疑問を投げかけるなんて、自分にはまだまだ早い領域だと思っていた。

これまでの自分の、旅に求めていた表面的な快楽が、彼らの前で、とてもとてもちっぽけなものに縮んでいく。

彼らを『レターズ』に引きずり込もうとしていることが、心にちくりと引っかかった。

「始めてみなければ、何も変わらない。」

ロレンソの彼らへの説得の言葉はいつしか、そこに立ちすくむ私への言葉となっていった。

私は、彼らを前に、何を始めようとしているのだろうか。

結局、全員の賛同が得られ、『レターズ』に、ロレンソが出演してくれることになった。そして、もうひとり、会わせたい人がいるという。マチ（Machi）と呼ばれるマプーチェの巫女、マルガリータ（Margarita）だ。

マチとは、マプーチェ社会の中では医師のような存在で、神と交信し、人々の病を治す不思議な力があるという。

まずは、ロレンソが連れていってくれた海沿いの食堂で、おいしい焼き魚と炊き込みごはんと、米のとぎ汁みたいなお酒を一杯いただき、マチ、マルガリータのもとへ向かった。

ロレンソが、葦がそよそよ揺れる小さな湖で立ち止まった。なにごとかと見ていると、彼は鳥の声を発し始めた。鳥と会話を始めたのだ。

故・江戸家猫八氏も顔負けの、みごとな鳥語、鳥音階を奏で、湖に集まる鳥たちと会話しているのだ。

鳥だけでなく、蛙や虫の声、風や波や夜の音、次々と自然界にある音を真似て歌い出した。湖面の上に、彼の唄がするすると広がっていく。

するど、今までの静寂を破り、あちらこちらから生き物たちの答えが返ってきた。空を見上げると、鳥たちがどこからともなく集まり輪を描いている。

ひとしきり動物たちとなにやら会話をしたあとで、彼は言った。

「昔、戦いに出て行き帰らなかった男達を想い、残された女達は涙を流した。この湖は、その涙でできている。我々マプーチェにとって、とても大事な場所だよ。時々ここに来ると、いろんなインスピレーションが湧いてくるんだ。」

彼らの言葉や楽器や歌は、すべて自然から教わったものだという。

「私達は自然とともに生きてきた。マプーチェは大地の民だ。」

さらっとそう言い放てる彼らが、ほんとうに「強い」のは当然のことだと思った。

巫女マルガリータ

今日は、年に数回あるマチの集会の日だという。例えて言うなら「医療学会」みたいなもので、マプーチェの体と心の医者でもあるマチが、浜の小さな小屋に、各村から大勢集まっている。

マチは、自然の薬草やハーブ、そして神から授けられた不思議な力で病んだ人を癒すという。

そんなマチの老女達が、小屋の前で熱心になにやら話し込んでいる。三十人ほどもいるだろうか。美しい衣裳をまとい、最近の若い世代はめっきり身につけなくなったというマントや銀の首飾りが、皺だらけの顔にとても似合って凛々しく美しい。一見、かわいいおばあちゃん達の寄り合いに見えなくもないが、やはり、どこか妖艶な凄みも感じられる。私達の時間の概念の及ばない独特のペースで、彼女達の話し合いは進んでいく。

やっとのことで、延々と続いた会議と情報交換らしきおしゃべりも終わり、私の半分くらいの背丈の小さい老女が、ちょこちょこと歩いてきた。マルガリータだ。

さすがに足元は歩きやすい運動靴だが、鮮烈な色で身を美しく引き立てる衣装、毎日の暮らしそのものが「晴れの舞台」とでもいうような彼らの意識、ほんとうにかっこいい。

人を癒せる力がこの小さなからだに宿っているのだろうか。マチの老女マルガリータと浜を歩いた。

強い海風が吹く浜で、アルガリータはマプーチェの祈りの歌を歌ってくれた。

きれいな柔らかい響きのマプーチェ語が、早口言葉の呪文のように次から次へと出てくる。どこで息継ぎしているのかわからない。

長い長い経典のような唄だ。

やはりここでも、青く大きな空には、彼女の歌を聞きつけた鳥たちが数羽舞っている。腹の底から出す彼女の声は、枯れる様子もない。

みごとに歌い終わった彼女に、歌について尋ねた。

「遠くからはるばるやってきた旅人と、ここにいる私達。

神よ、自然よ、みんなを守ってください。そういう歌だよ。」

しわしわを、よりくしゃくしゃにして、彼女は初めて笑った。

生き物として、大地と交わりながら生きること。

ひとつの民族として、誇り高く生きること。

彼らのように、自然の一部としてそこに在り、困難に立ち向かいながらも強い意志で立ち続けることが、私にもできるのだろうか。

このひしゃげた日本人の私にも、彼らと同じ、大陸を旅してきた太古の勇気の血が流れているのだろうか。

我らと同じ容姿をもつマプーチェ族に、さまざまなものが見えてくる。

ロレンソの言葉が蘇った。

「始めてみなければ変わらない。」

ふと、『レターズ』の最初の旅立ちの時に綴った、自分の言葉を思い出していた。

「人生が変わる瞬間は、ほんのささやかなきっかけ。

今まで気づかなかった。

一歩踏み出せば、こんなに出会いがあることを。」

初めて自分の足で踏み出した世界は、光に満ちて眩しく、行く先々での新鮮な驚きは、先に進む勇気をくれた。

そして先へ進めば進むほど、世界にはまだまだ知らないことがあり過ぎることに、唖然とした。

飛び込んでくるものを必死で追い掛けていくうちに、もっと深く見たい、捕まえたい、と思うものに出会い始めた。

探すものが見えなくても、踏み出したからこそ、何かが「始まった」。この道がどこへ続くのか知りたいとさえ思えば、世界は広がりと奥行きを増してくれる。

今、マプーチェと出会った。ロレンソも、マルガリータも、みんなとても美しいと思う。

世界や社会との関係を、あまりにさぼってきてしまった知識不足の私には、社会情勢に対してたやすく批判をくだすことは出来ない。何が悪い、どこがいけない、と責任を誰かに求める資格などあるはずがない。

ただ、彼らを前に、今自分に出来ること。彼らが生きるその姿を、受け止め、素直に感じ、その美しさを、真面目に作品に収めていこう。できることから、始めてみよう。まだまだ、彼らとは出会ったばかりだ。一歩踏み出してみなければ、何も変わりはしないのだ。

そしていつか、力を増して、彼らに会いに戻ってこよう。そう、心に誓っていた。

命の重さ

渡し舟かと思えば、渡し水上ロープウェイだった。

川底のロープをつたって、あちらとこちらを行き来しているらしい。畳十畳ちょっとの板きれに、大型観光バスと一緒に詰め込まれて向こう岸に渡った。また次の町へと向かう。

もうずいぶん南へと走ってきたが、近頃ふと考えることがある。

人の命の重さについてだ。

この数日の旅の中でも、生と死が、気軽に隣り合わせに座っているような場面にいくつか遭遇した。ここの日常の中には、テレビの画面を見るような「まさか」ということがよく転がっている。もしかしたら東京での日常にだって、ずいぶん転がっていたのかもしれないが、旅人という、とても「真ん

中」な立場に立ってみて、初めてその存在に気づけたのかもしれない。

いつだったか夕暮れどき、車で宿へ急いでいると、びゅんびゅんと車の往来の激しい道路の横で、民家がメラメラ炎上していた。

山火事にも遭遇した。湖の反対側の山が真っ赤な炎をあげて燃えていた。

手足バラバラの交通事故の死体も目にしてしまった。

車の直前にいきなり子豚が飛び出して、あやうくひきそうにもなった。

笑い話のようなネタもあるが、三面記事に載りそうな事件が、とても平凡な顔をしてそこにある。死神がひょいと顔を出してはまた引っ込んでいなくなる。ここで感じた人の死は、精神的というより、単なる肉体の消滅にすぎないかのように、乾いていて物質的だ。あまりにあっけなくひらひらと散っていき、はかない。

そしてそれらを目にする人々は、淡々とやり過ごし、みんな滅多なことでは動じないようにも見えた。

これは多くの悲惨な仕打ちに黙々と耐えるしかなかった、彼らなりの生きる術なのだろうか。痛いほど全身全霊で受け止めていることを、人に悟られないようにしなければならない現実があったのだろうか。じたばたしても始

LIPTON
Royal Ceylon
CEYLAN
NESC
TRADIC
2g Café instantáneo
DAP aerovías
La aerolínea de la Patagonia
WPU
WILLIAMS
AZUCAR
MARISQUE
"Donde Augusto"
COCO LOCO
EL BOSQUE NORTE 0215
FONOS: 2313082 - 2341228
LA SIERRA
AZUCAR REFINADA
Azúcar Morena
BAR
VILLARRICA
Lipton
CEDRON
Infusion
MERCADO CENTRAL
STGO. - CHILE
PIMIENTA
PEPPER
POIVRE
Envasado por

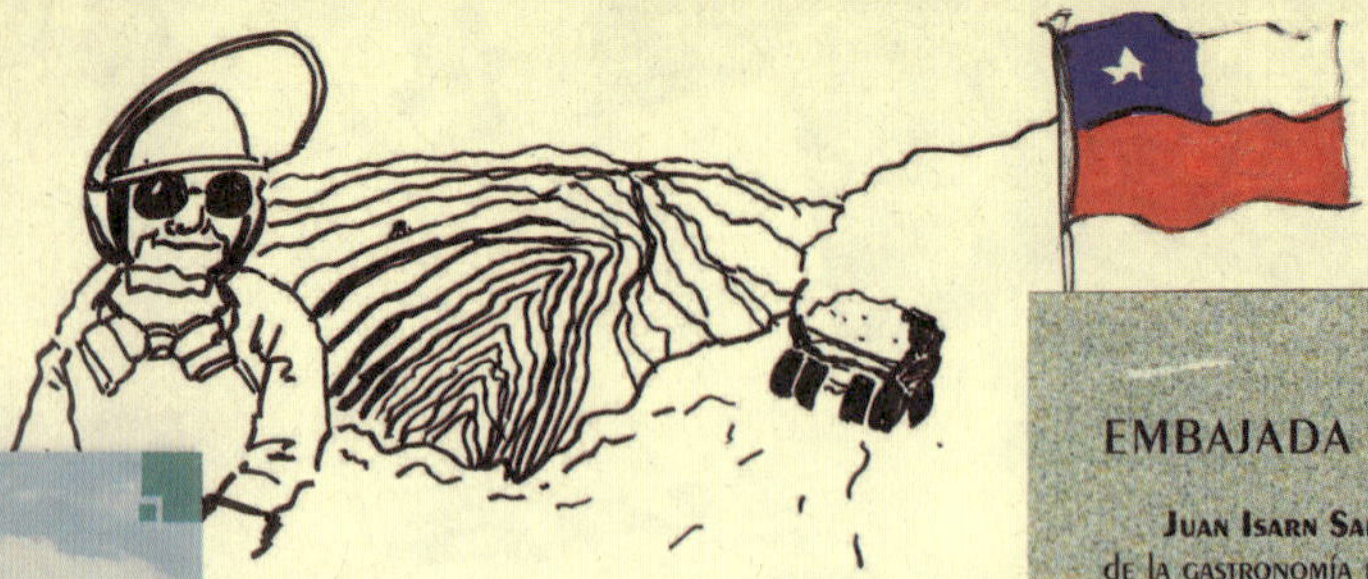

CODELCO

O ABIERTO

といえども ここはケタが違う. どうも うす暗く.
といった. 重くるしい イメージがあったが. 銅山というと この乾い

www.codelco.cl

Chuquicamata
II Región, 30 kms. al norte de Calama
Productora de cobre y molibdeno
A rajo abierto
Chuquicamata (Súlfuros)
Sur (Oxidos)
Pirometalúrgico (Fundición)
Hidrometalúrgico (Lixiviación)
630 mil toneladas / año
15 mil toneladas métricas / año (contenido fino)
2,7 billones de toneladas

世界で最も乾燥しい… Atacama
銅. 硝石. 銀. 塩
豊かな地下

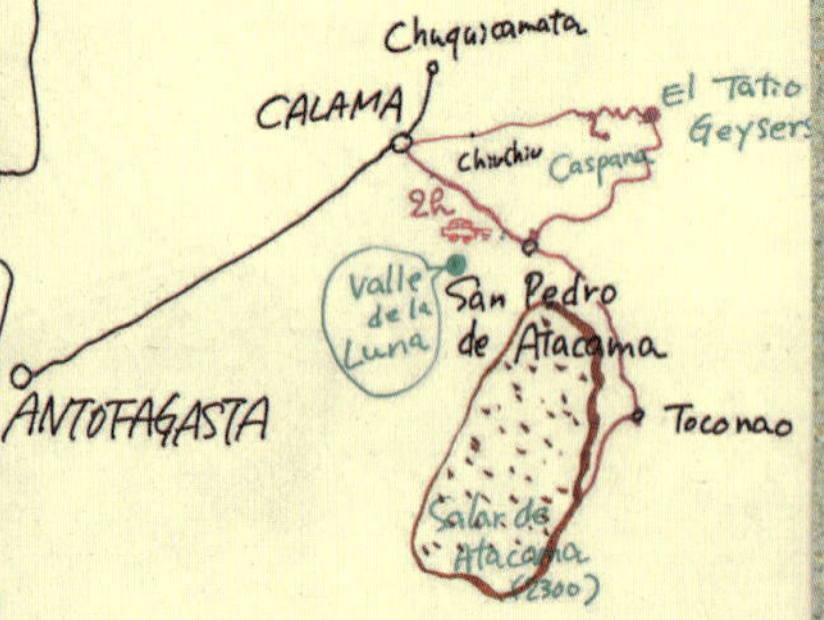

然が用意してくれた. 映画のよう.
広い砂色の幕に. 古い映写機で. 夕暮れの
ーリーを 描き出してるみたいだ.
うと ずっと 見とれていたい

EMBAJADA GASTRONOMICA

Juan Isarn Sans con una trayectoria de más de la gastronomía nacional e internacional se h uno de los principales Chefs de Chile, consiguienc de medallas y galardones en los últimos 20 años.

1980	Medalla de Oro Concurso Nacion
1985	Medallas de Oro y Plata Concurso Naci
1986	10 Medallas de Oro , Plata y
1986	Trofeo Gastrónomico América 86
1987	Medallas y Trofeos Nacionales
1988	Galardonado en New York Internation Good Kitchen América 88.
1989	Prepara Semana de Gast. chilena en
1990	Premio Hernán Eyzaguirre (Achiga).
1990	7 Medallas de Oro, Plata y Trofeo Mej (Achiga).
1991	Medallas Oro, Plata y Bronce, conc
1992	Medalla de Oro en pescados y mariscos Plata en carnes, aves y postres.
1993	Madrid, el Gran Collar de Plata po
1993	Hotel Crown Plaza, Semana Gast. Espa Descubrimiento de América.
1995	8 Medallas de Oro, Plata y Bronce p
1996	Semana Gastrónomica chilena. Lima - F
1998	1er Lugar Expogourmand Slow food.
1999	1er Lugar Expogourmand Cartas de V

HOSTERIA
CALAMA
HOTEL
ALFA
CODELCO
Recurso Hídrico Regional
Conciente de su responsabilidad con el entorno, Chuquicamata ha maximizado sus esfuerzos para aprovechar los escasos recursos hídricos de la región.
Instalaciones adecuadas le permiten a la División, recuperar el 80 por ciento del agua que ocupa en sus faenas mineras. Así, en Chuquicamata una misma gota de agua es reutilizada varias veces en el proceso productivo.
De esta manera, Chuquicamata se ha preparado para competir en el tercer milenio mejorando su
socio que promueve alianzas entre gobierno, empresa
y comunidades para enfrentar con proyectos agrícolas, educacionales y sociales los desafíos de desarrollo de la comuna y Provincia El Loa.
Integración Nueva Calama
La División Chuquicamata consistente con los crecientes requerimientos medio ambientales expresados en la legislación vigente y el desarrollo sustentable de la empresa, ha determinado erradicar su campamento al año 2003, integrándose efectivamente a la ciudad de Calama en busca de una mejor calidad de vida para sus trabajadores y familias.
chileno.
GRAN FAMILIA
DE MARTINO
Chardonnay
1999
CASABLANCA VALLEY
PRODUCED AND BOTTLED BY SOC. AGRIC. SANTA TERESA LTDA. • ISLA DE MAIPO / CHILE • PRODUCT OF CHILE
Nombre
Minas
Sistemas
Reservas

D.O. ISLA DE MAIPO
VIÑA TARAPACÁ
EX ZAVALA
2000
GRAN RESERVA
CHARDONNAY
Producido y embotellado por Viña Tarapacá Ex-Zavala S.A., en Viñedos Tarapacá Ex-Zavala, Isla de Maipo - Chile. Producto Chileno.
12° GL.

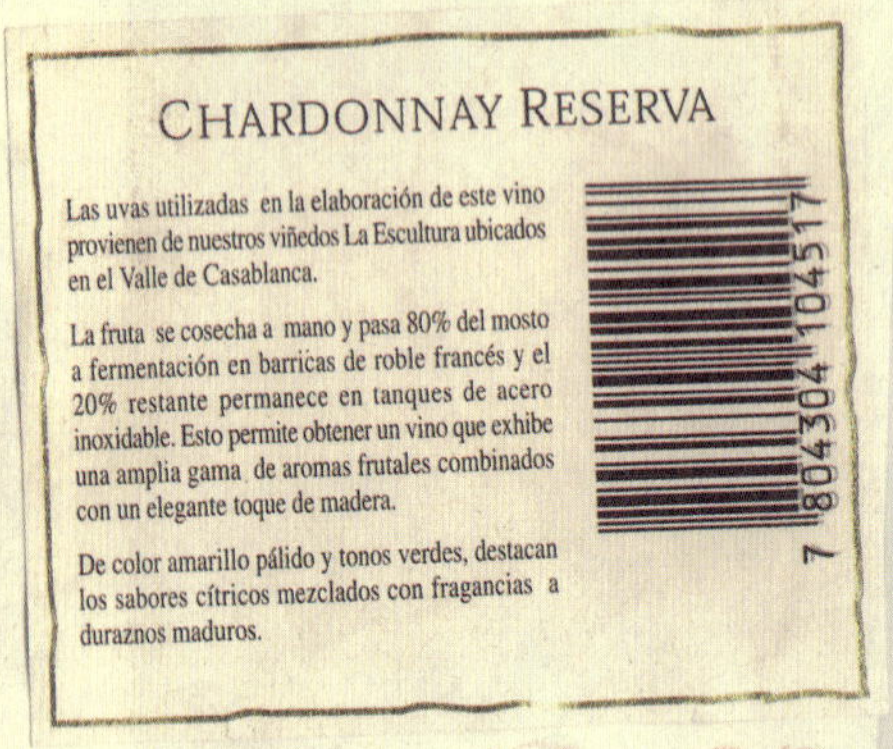
CHARDONNAY RESERVA
Las uvas utilizadas en la elaboración de este vino provienen de nuestros viñedos La Escultura ubicados en el Valle de Casablanca.
La fruta se cosecha a mano y pasa 80% del mosto a fermentación en barricas de roble francés y el 20% restante permanece en tanques de acero inoxidable. Esto permite obtener un vino que exhibe una amplia gama de aromas frutales combinados con un elegante toque de madera.
De color amarillo pálido y tonos verdes, destacan los sabores cítricos mezclados con fragancias a duraznos maduros.
7 804304 104517

VENDIMIA PROPIA
VIÑA TARAPACÁ
DESDE 1874
D.O. VALLE DEL MAIP
VIÑA TARAPACÁ
EX ZAVALA
ISLA DE MAIPO
Gran Tarapacá
SAUVIGNON BLANC
RESERVA 1998
750ML. VINO
Producido y embotellado por Viña Tarapacá Ex-Zavala S.A., en Viñedos Tarapacá Ex-Zavala, Isla de Maipo - Chile. Producto Chileno.
12° GL.

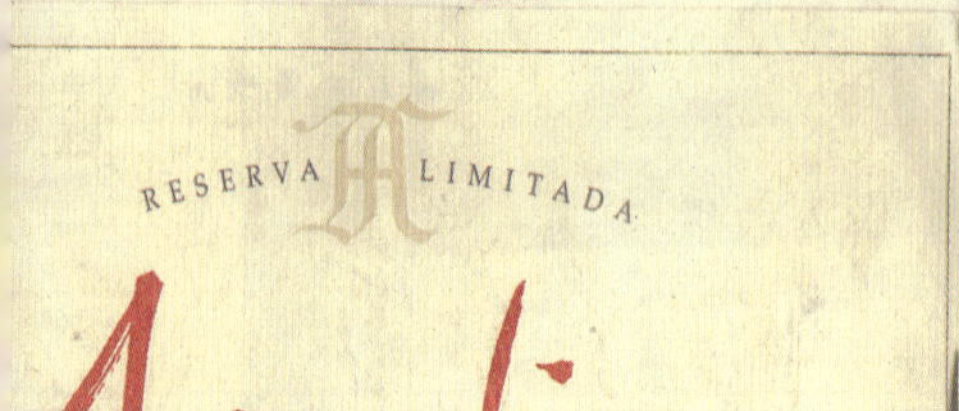
RESERVA LIMITADA
Amelia
CHARDONNAY
D.O. VALLE DE CASABLANCA
CHILE
2000
CONCHA Y TORO
750 ML

1997
ERRAZURIZ
VIÑEDOS LA ESCULTURA
VALLE DE CASABLANCA
CHARDONNAY
RESERVA

TERRUNYO

obc

en las

cabaña

tador" Sa

emotivo de la noche fue marcado por la presen-
temuquense que cantó junto a su ídolo.

nor en

UCI po

tatuaje

A-7

…の前で女の子が数十人たむろしている。
…いっかげだ。お色気光線をバギバギと発し。
手鏡でメークなおし。車が入ってくるたびにすばやい視線と。ミニスカート
から。そり…よく足をのぞかせる。万国共通。ザ・歌謡界がここにある！

Cris
le c
al a
a Te

Más de 4
asistieron
concierto c
cano.
Durante c
artista hizo
entusiasta
Germán Be
románticas
de su repe.
A-11

…こっちむいて〜。
…やかな流し目を。
…精神。プロ根性
で。女の子たちに送る
…時代の。あこがれの歌手をみるようで。すんごくなつかしく。はがゆく。うれしかっ
よくぞ。照れずに　ここまでできる!! と。

あまりに まっすぐ
ドキドキした.
世のけがれ
神の使者の
心を 見すかさ

飼い主に とても愛されているのだろう.

…る. 自然から教わったものだ」
. さらっと言い放てる彼らが.
…ように「強い」のは ~~当たりまえだ~~と思った.
当然のことだと

…LTRUN たいこ 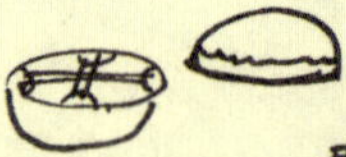 二つあわせて
地球をいみす
東西南北. 太陽.
土. 風などを示す
絵柄がかいて
宇宙の盛位
解いている.

…iFiLKA  ふえ

…TRUTRUKA  ホルンみたいなもの

…NAZA  ~~[illegible]~~みたい
マラカス

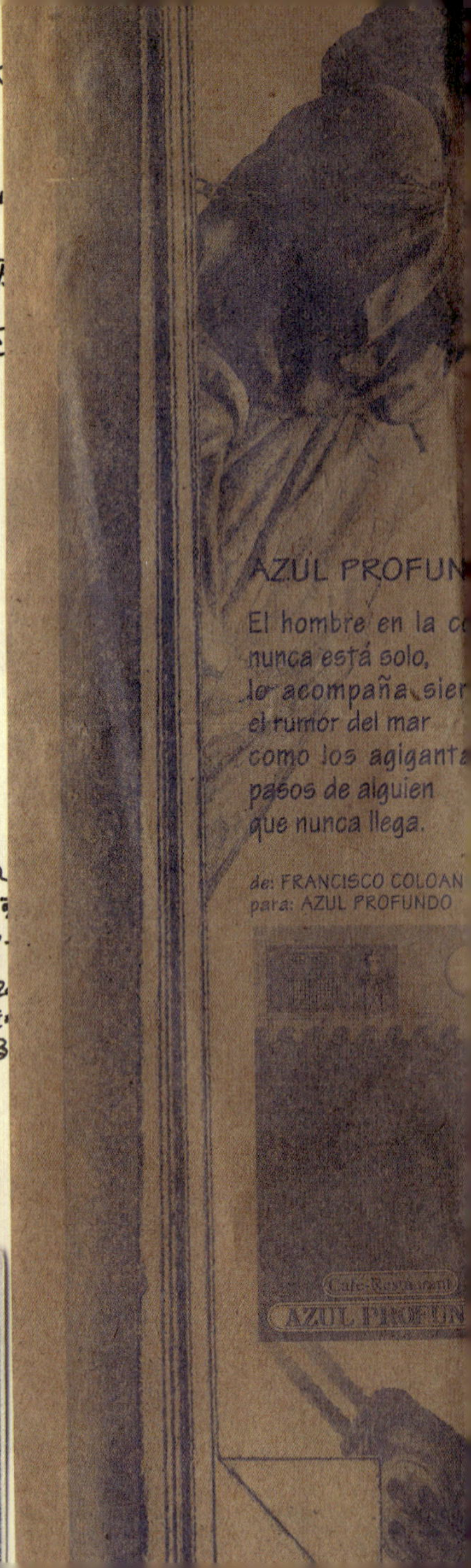

cursions a

s
n level of excertion,
)
s del Paine Park
We climb up the
unt Almirante Nieto
que path, crossing
sts, bush and cliffs.
leads to a fantastic
he base of the

e of these stone
breathtaking sight!!

ios
dium level of excer-

d).

at, you will dete
cal species, suc
or, huala, trile,

Tango singer. Alberto Palacios.
in Cinzano

歌声酒場の片すみで.
いぶし銀のすごい

エレベーターのような…)

Club Alemán de Frutillar

HOTELEROS GASTRONOMICOS

JOSE R. CARRASCO C. - EMA BARRIA SOTO
Concesionarios

Club Alemán de Frutillar

BANQUETERIA A DOMICILIO

San Martín 22 - Fono: 421249 - Particular: 421489
Casilla 86 - FRUTILLAR BAJO

TEMPERATURA

Resumen de ayer Temuco

Mínima: 7°C
Máxima: 25°C

Sol

SALE 07:14 Hrs.
PUESTA 20:54 Hrs.

AGUA CAÍDA

De lunes 08:00 Hrs.
a martes 08:00 Hrs.: s/p mm.
Total a la fecha: 27,8 mm.
Total año normal: 61,6 mm.
Total año pasado: 89,7 mm.
(-)Déficit - (+)Superávit: -55 %

Fases de la Luna

Nueva 13 Feb.
Creciente 21 Feb.
Llena 28 Feb.
Menguante 6 Feb.

TEMUCO

HOY
Nubosidad parcial variando a despejado
5°C/ 23°C

JUEVES
5°C/ 25°C
Despejado

VIERNES
8°C/27°C
Despejado

FOTO: ALEX HUBER

ESTAMPILLA AC

7 807233 00002

STAMP HE

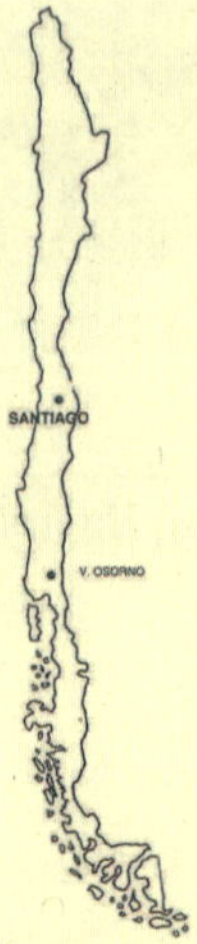

REGION DE LOS LAGOS - CHILE

Atardecer en invierno en el magestuoso V. Osorno (2.652 m/s/n/m) junto a los Saltos del Petrohue.

Winter at V. Osorno and Saltos del Petrohue.

10248

120 ED.'02 EDITORIAL FOTOGRAFICA HUBER Y CIA . LTDA. FONOFAX: 672 2702 STGO: CH

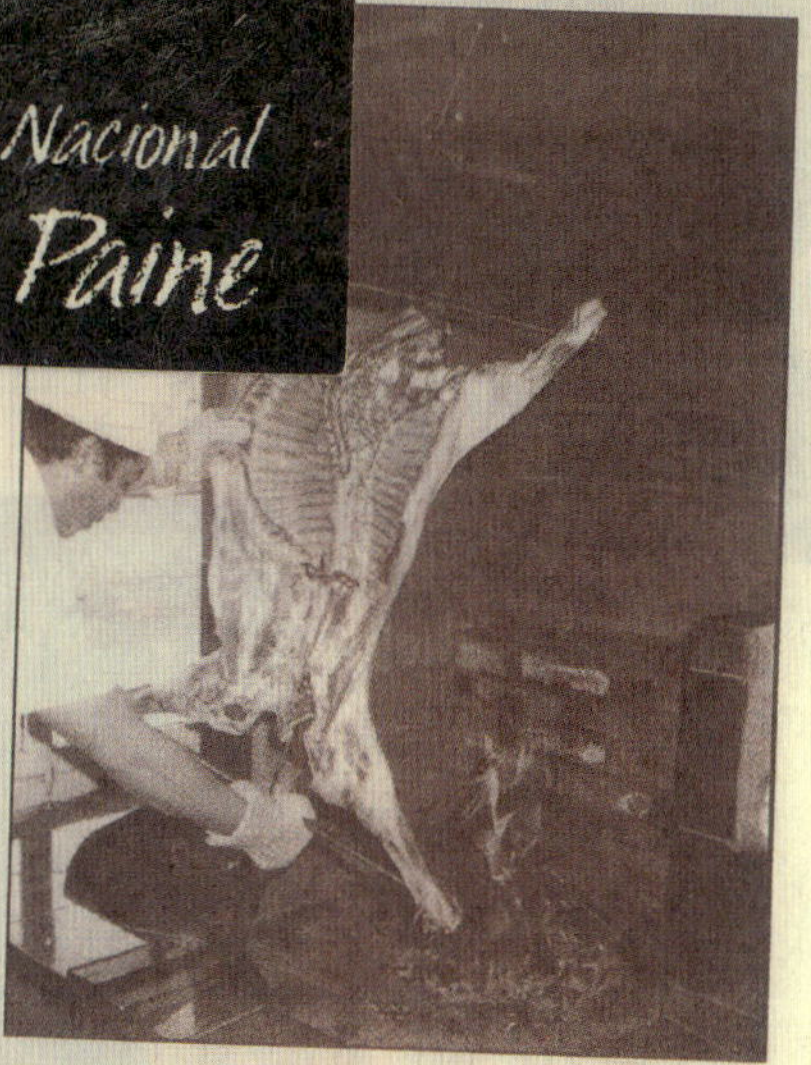

Restaurante Típico

"EL ESTRIBO"

Offers you:

Centolla (King Crab)
Salmón
Cordero (Lamb) Al Ruedo.
Curanto

Además de nuestra variedad completa de pescados y mariscos.
We also a complete variety of fish and shell fish, all this is dressing with the familiar atmosphere that you know.

Hourly: 11,30 AM - 3,00 PM / 7,30 AM - 12,00 PM

Adress: **Ignacio Carrera Pinto 762**
(Between Bories and Magallanes St.)

Punta Arenas - Chile

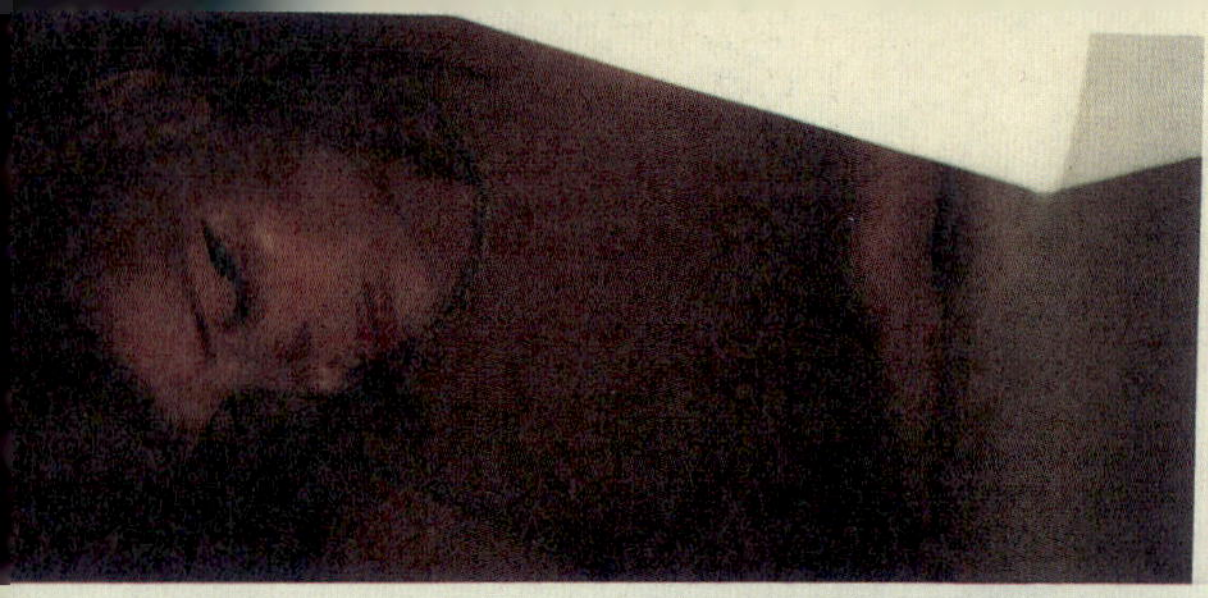

te que hoy me voy a ocup
odos tus problemas.

...elájate y descansa.

ritivos
USICALES
la costanera
E PEDRO VALDIVIA 21:00 HRS.

2 0 0 2

MUY NOBLE Y MUY LEAL
CIUDAD DE VALDIVIA
ILUSTRE MUNICIPALIDAD
DE VALDIVIA

12 de ENERO
ORQUESTA SINFONICA INFANTIL
DEL SUR, JUNTO AL RIO

25 de ENERO
LIRICA EN EL CALLE - CALLE,
TEATRO MUNICIPAL DE SANTIAGO

27 de ENERO
CONCIERTO CORAL
CORO UNIVERSIDAD CATOLICA

1 de FEBRERO
UNA NOCHE CON SWING
LOS ANDES BIG BAND
(JAZZ CON ANDREA TESSA)

9 de FEBRERO
CONCIERTO ANIVERSARIO
DE LA CIUDAD: LIRICA CON G. LEHMANN,
C. ROBLEROS, L. ESCOBEDO, P. SABATE,
V. TORRES, G. TOMCKWIACK.
Y LA ORQUESTA DE CAMARA DE LA
UNIVERSIDAD AUSTRAL DE CHILE

17 de FEBRERO
TABLAO FLAMENCO
"EMBRUJO FLAMENCO"

24 de FEBRERO
BAFUACH
BALLET FOLKLORICO UACH

istico.cl

VALDIVIA · 1552 · 2002 · 450 AÑOS

Serie

Asociación

Asociación del Rodeo Chileno de Osorno

Osorno, de de

Rodeo de

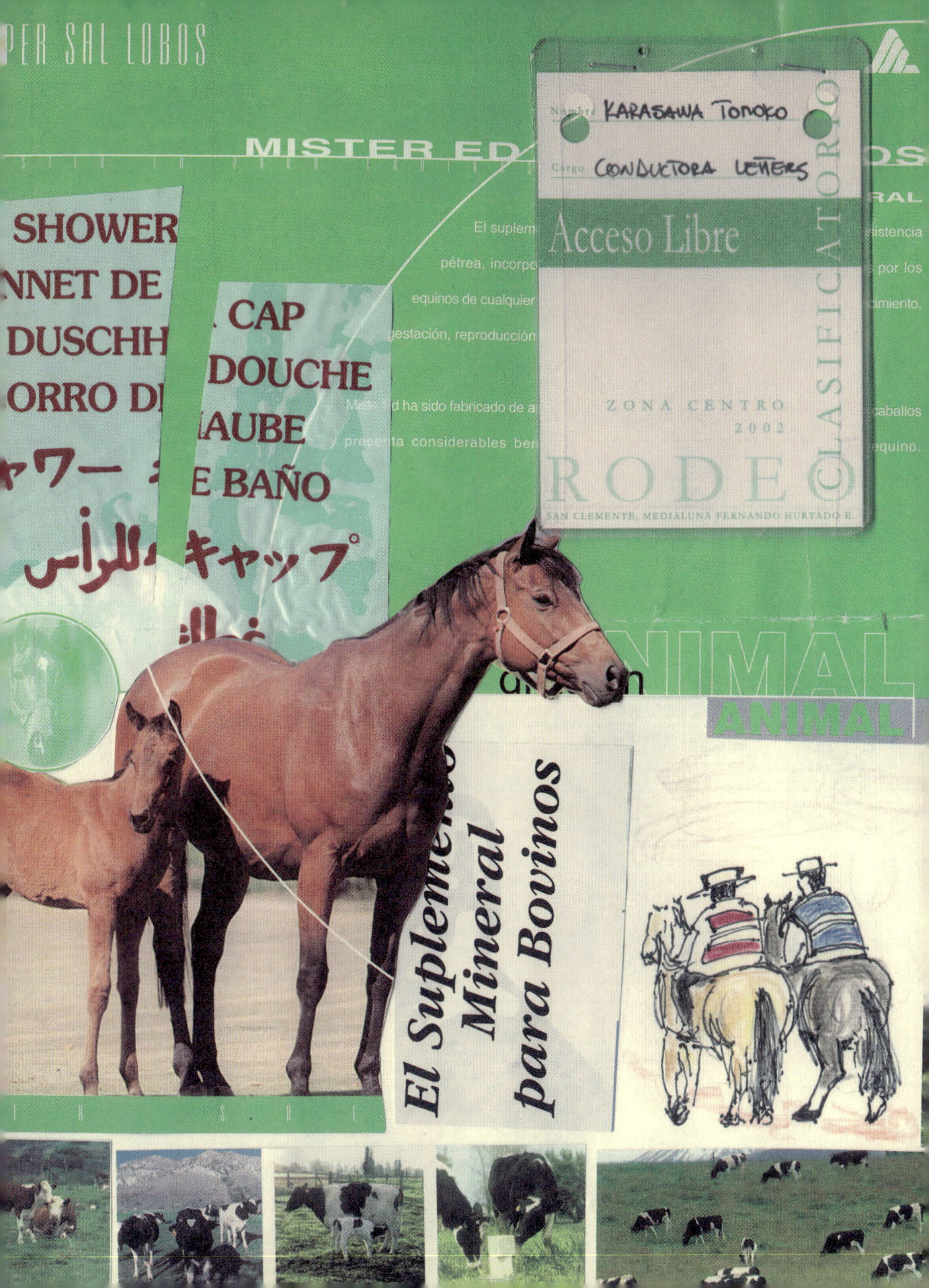
PER SAL LOBOS
MISTER ED
El suplem
pétrea, incorpo
equinos de cualquier
gestación, reproducción
Mister Ed ha sido fabricado de a
presenta considerables ber
asistencia
por los
cimiento,
caballos
equino.
SHOWER
NNET DE
CAP
DUSCHH
DOUCHE
ORRO DE
HAUBE
ャワー
E BAÑO
للرأس
キャップ
Nombre KARASAWA TOMOKO
Cargo CONDUCTORA LETTERS
Acceso Libre
ZONA CENTRO
2002
RODEO
CLASIFICATORIO
SAN CLEMENTE, MEDIALUNA FERNANDO HURTADO E.
ANIMAL
ANIMAL
El Suplement
Mineral
para Bovinos

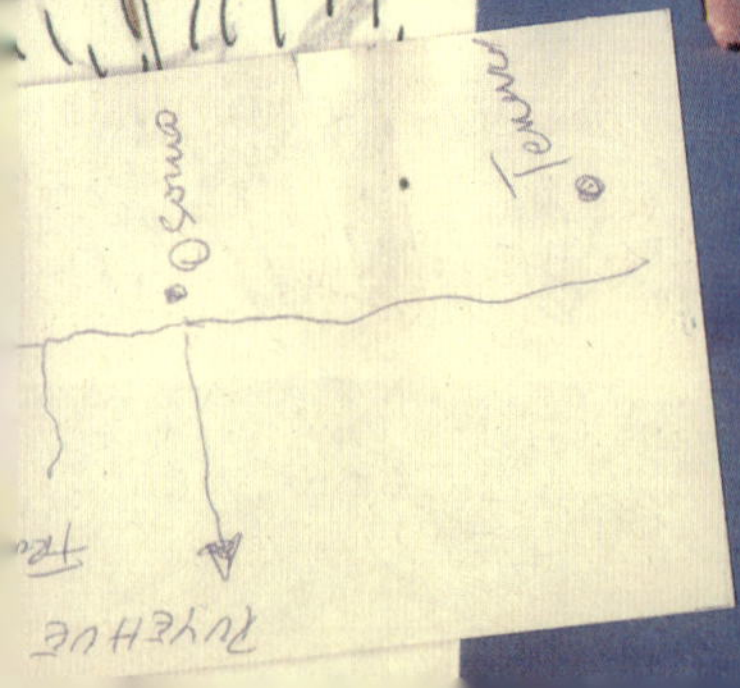
Osorno
PUYEHUE

OS

UR

TASTINGS · TOURS · LUNCHES · DINNERS

TURISMO COMAPA

www.comapa.com

NAVIMAG

Zarpe a la Patagonia

¿Te atr
a un v
difere

Únete a la aventura de
desde el mar, navegando
por los canales d
A bordo de las M/
Puerto Edén disfrutarás de
paisajes de mar y montañ
fiordos y bahías en u
Puerto Natales hasta
4 días de vida a bordo qu
Embarques desde
todos los
Acércate a nu
para má

TARIFAS / RA	
Pto. Natales-Pto. Montt	11/2001
Cabinas AA	354 USD
Cabinas A	302 USD
Cabinas B	256 USD
Cabinas C	210 USD
Cabinas D	170 USD
Pto. Natales-Pto. Chacabuco	11/2001
Cabinas AA	250 USD
Cabinas A	200 USD
Cabinas C	150 USD
Desayuno y 2 comidas / Breakfast & 2 meals	

...nisterio de Turismo, Cultura y Deporte
...dministración de Parques Nacionales
Ley 22351

ADMINISTRACIÓN de PARQUE...
APN
ARGENTI...

ENTRADA GENE...
DE ACCESO AL PA...
Válido para 1 pe...
mayor de 13 años no...

PARQUE NACIONAL LOS GLACIARES
20 FEB 2002
Glaciar Moreno

VALOR $5...

CHINGOLO

SERIE A

Nº 028...

Parques Nacionales
El Patrimonio Natural de los Argentinos
PARA EL VISITA...

CUIT 30-57191083-3-IVA ...
CASA DE MONEDA

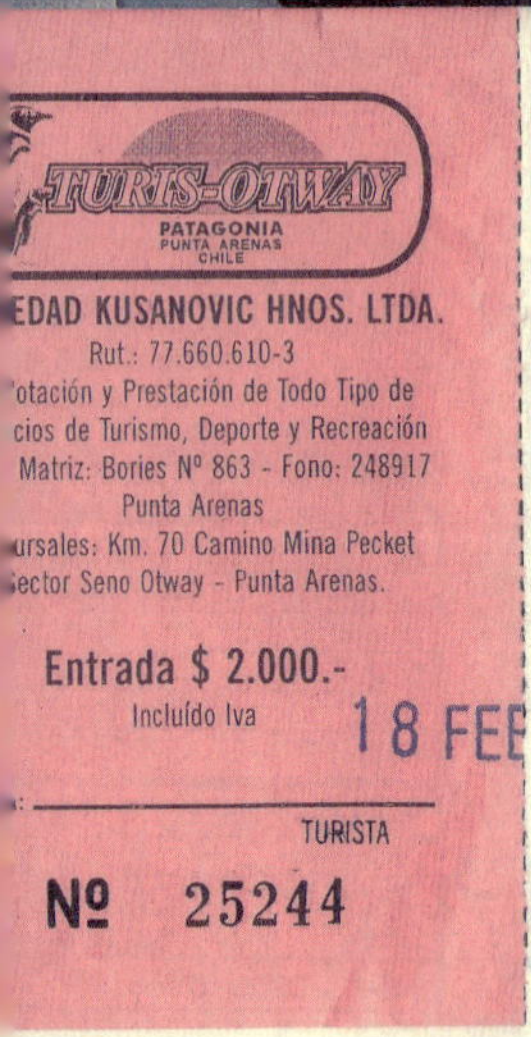
TURIS-OTWAY
PATAGONIA
PUNTA ARENAS
CHILE

...EDAD KUSANOVIC HNOS. LTDA.
Rut.: 77.660.610-3
...otación y Prestación de Todo Tipo de
...cios de Turismo, Deporte y Recreación
... Matriz: Bories Nº 863 - Fono: 248917
Punta Arenas
...ursales: Km. 70 Camino Mina Pecket
...ector Seno Otway - Punta Arenas.

Entrada $ 2.000.-
Incluído Iva

18 FEB

TURISTA

Nº 25244

まらない、という前向きな開き直りの抵抗方法なのだろうか。

寡黙なチリの国民は、ひらひらと見える人の命の重さを、ほんとうに知っているのかもしれない。

ウアソの地へ

「コピウエー、コピウエー」

道路わきで花を売る少年を見た。

チリの国の花、真っ赤なコピウエは、山から摘むとすぐしぼんで色を失うという。少年の売っている花は本当にコピウエだろうか。

いつか読んだコピウエの伝説を思い出した。

昔、ある部族のプリンセスが神に捧げられるため、山の奥深く閉じ込められた。

彼女は、あとに残してきた恋人を想い、自分の心臓をそこに残し、神のもとへ旅立って行く。そして、その心臓から、深紅のコピウエの花が生まれた。

その枝から花を摘むと、まるで血が流れ去るように、みるみる赤い色は消えてしまうという。

空気はますます清浄さを増し、チリ富士と称されるオソルノ山（Volcán Osorno）ももうすぐだ。


家畜のオークション会場に立ち寄る。

このあたりのパンパ（平原）は、ウアソの地として名高い。

ウアソ（Huaso）とは、チリ中央のカウボーイたちの呼び名だ。平原の民として誇り高く、スペイン、アンダルシア由来の伝統衣裳のマント、つばの広い帽子、美しい彫刻の木のあぶみがトレードマークだ。ウアソのロデオは有名で、馬での牛追いの腕を競い合う。

オークション会場横の露天の店で、ウアソの帽子を買った。つばが広いから、強い西日もうまく遮ってくれそうだ。それに、なんといっても形が粋だ。

帽子についているヒモをあごの下にかけ、買ったばかりのだいじな帽子

が、突風に飛ばされないようにしていたら、

「NO、NO、かっこわるい」

と本物のウアソに注意された。

ヒモは、後頭部のでっぱりと首すじの間に引っかけて留める。ふさふさの飾りは何があっても頭の左側。あくまでかっこよく、さりげなく。これがウアソハットの正しいかぶり方だと彼は言う。

オークション会場は、まさに宴たけなわ。熱気溢れていた。

いいコンディションの家畜をせりおとすために、真剣勝負の眼差しで、引き出される牛、馬、羊を見つめているウアソたち。野球場のようなマウンドでしっかりと値踏みされた家畜たちは、厳しい判定のもとに行き先が決定されていく。

牛や馬が出番に向け待機している囲いの上には、四方に高い通路ができていて、歩道橋の上から下の車の流れを見るように、家畜の色つや、健康状態をチェックできる。

せりのマウンドに通じる通路では、羊が大暴れで必死の抵抗を試みていた。この道一筋といった腕っぷしの強そうなおじさん達が、何人もで飛びか

かり羽交い締めにして捕まえる。家畜も人間も汗みどろだ。

オソルノから横道に入り、ウアソとして広大な牧草地の主であり、二〇〇一年のロデオ全国チャンピオンでもある、エドゥアルド・エッペル（Eduar-do Epple）の家を目指す。

門を入り、緑の草原をしばらく走った。

ちょうど家の前で、彼は次のロデオ大会出場のために必要な、愛馬の写真を撮っていた。

手塩にかけた馬たちの艶やかな毛並み、美しい筋肉。しばらくほれぼれと見とれてしまった。

ピンと背筋を伸ばさせ、その馬がいちばんきれいに見えるようにと何度もシャッターを押す。

ウアソの帽子をかぶった牧場の若い衆が、馬にまたがり、さっそうと野の仕事から帰ってきた。

馬と人間の関係の歴史は長いが、その姿は、ほんとうにしっくりとはまっている。ふたつでひとつ。馬も人も互いに信頼し合って、とても気持ちがよさそうだ。「馬があう」の言葉のごとし、友情が互いに通い合う様子がはた目にもよくわかる。単純に目に映る姿の美しさというより、彼らの心の交流のオーラを、私達は「美しい」と感じ、心打たれるのだろう。

エドゥアルドは、中庭の井戸の横に立つ大きな木から、たわわに実った洋梨をひとつもぎとってくれた。

甘い果汁、香りたつ清らかさ。この土地とここに暮らす人の、心の象徴のような洋梨の木の下で、彼は馬について語ってくれた。

ロデオでは、馬自身が競技をとても楽しんでいるのだという。馬も晴れの舞台では、やる気満々に盛り上がるらしい。見せ場というものも心得ているという。週に一度ロデオのための練習はするが、ほとんどは、野原を思うぞんぶん自由に走らせるという。

チリのロデオは、暴れ牛を乗りこなすのではない。とても紳士的な競技だ。

二人の人間と二頭の馬がチームとなり、若い牛を壁に追い詰める。その壁

への押しあて方の、優雅さとキレのよさで採点が行われる。

エドゥアルドが出場するというので、数日後、ロデオ全国大会決勝の予選を見にいった。

会場の外の練習場では、朝から数名のウアソが慣らし走りをしている。馬は、前進以外にも、左右、斜め歩き、細かな追い詰め技術をもっている。

年に一回全国から集まるわけだから、皆それなりに緊張しているのだろうが、馬車の横でバーベキューをしていたり、けっこうのんびりしたムードが漂っている。

いかにいつものように、さりげなく、当たり前の姿を示すかが勝負なのだろう。ガツガツ勝ち負けに縛られない余裕と自信が溢れている。それがウアソとしてのプライド、男の美学。

ガールフレンドも応援に来ている、青春のウアソもいる。父親とペアを組む、まだ十歳くらいの少年ウアソもいる。少年とはいえ、みごとな手綱さばきだ。

円形の競技場に、ウアソたちの色とりどりのマンタが並ぶこといと美し。

観客の見守る会場に登場したウアソたちは、そこでそれぞれの出番を待つ。瞑想する者、タバコをくゆらせる者、ペアの相手とちょこちょこしゃべる者、中には超多忙なのか、携帯電話で話しているウアソもいる。

競技の判定は、相撲の審判のように数名が高い見物台から行う。牛を壁に追い詰める度に、「bueno（すばらしい）」、「malo（全然だめ）」、とアナウンスが場内に響く。見事な技を披露したチームには、会場からおおっと歓声があがる。

力ずくではいけない。なんとしても、常に美しくさばかなければならない。何ごともなかったかのようなすました顔で、ビシッときめる。しかも人間ふたりと馬二頭が、完璧に息のあった技で。

それは、舞踏会を見るように雅やかだ。

そして競技の最後、勝者にはその町の美女からのキスが待っている。そして美女を馬に乗せ、場内を一周するのが習わしだ。そして、皆でハンカチを振り振り、軽やかなステップのチリ民謡クエッカを踊って締めくくる。

昔から男達は、美しい女のために戦ってきたのだなあ。

TELEM
Una empresa

「大きくなったらパパみたいになる」

大人がかっこいいということは、なんて素敵なことだろう。ロデオ会場では、瞳を輝かせ、父の姿を仰ぎ見る少年達にたくさん出会った。みんないっちょまえにウアソの帽子をかぶり、すでに気分は「男の中の男」だ。

「ウアソは馬の上で生き、馬の上で死んでゆく。ウアソは男の道なのだ。」

あるウアソがそう言っていた。

人生に美学がある。すてきなことだ。


親から子へ語り継がれるもの。かっこいい大人の姿を仰ぎ、いつかそこへと夢を馳せること。

そんな真理が、私の身近にもあっただろうか。

思えば、自分の精神は十歳くらいから全く進歩なし、とよく感じる。はて？　自分はあれから成長しているのだろうかと。

もちろん、無垢で純粋な「子供ごころ」というものは、いくつになっても必要だと思う。が、また別な意味で、「ちゃんとした大人になりたい」、と

願う自分が、いつもどこかにいる。

「じゃあ、ちゃんとした大人ってなに？」

これは、私にとって永遠の謎だ。四十近い女がいい歳をして、まだこんなことに頭を悩ませているのだから、ほんとうに手に負えない。

「大人」という「人生の先輩」。つまり、仰ぎ見る師のような存在を心は常に求めている。

もちろん日常世界にも、たくさん素敵な人はいるけれど、もっと、もっと、と様々な師を求めて、自分の世界の領域を、少しずつ広げてきたような気がする。

甘いこととはわかっていても、人はみんな、上を見上げて誰かを目標として頑張っていたい。いつも自分の上には、気高く尊いものがいっぱいに広がっていて欲しいのだ。

ただ、師に従い教えを請えばそれでいいかというと、そうもいかないから難しい。

人生、答えがひとつではないのだ。定義もないし、応用もなかなかきかない。どんな答えも導き出せてしまう。ましてや、大教祖様のひとつの教えに服従することは、私には全然向いていない。

「人生はそれぞれ。どうとでも創っていきなさい。」

そんな大宇宙の神のおぼしめしかもしれないが、人生の道に模範解答はない。だからいくつになっても、誰かに学びたい、何かに学びたいと、行き止まりのない甘えが首をもたげる。

自然界の動物のように、親から生きる術を学び、親を超えていく。

そんな明解な生き方もままならぬほどに、入り組んでしまった人間社会の糸。その結び目をほどくにはどうしたらよいのだろう。誰に学べばよいのだろう。


「何に打ち込んでいくか」という、人生の難題がある。

一生を懸けた仕事を、ひとはどう見つけていくのだろう。これこそ、誰かに学んでみたいテーマだ。

自分のこれまでの人生で、この部分がいまだにシャキッとピントがあってこない。

不思議な縁で「俳優」という仕事に関わったが、一生懸命その仕事に打ち込みながらも、これは本当に私の道だろうか、と、よく心にハテナマークが浮かび上がった。

ひとつの作品を皆で作り上げる、素晴らしい手ごたえのある職業だと確信はする。

ただ「演技」というものが、好きか嫌いかでいえば、正直、私の本心は「好きではない」と答えるだろう。かといって、他に何もできないあやふやな自分が恥ずかしい。これぞ自分の選んだ道、と堂々と言い放てる自信もない。情けないやつなのだ。

だからかもしれないが、「これぞ我が道」と自信に満ちて、自分で選びとったその道を、まっすぐ進める人に心から憧れる。恋焦がれる。

たぶん、その思いの果てが、『レターズ』という作品への闘志に繋がっているのかもしれない。

不思議なことにどの土地を訪れても、会いたいと願えば必ず出会えてきた。「自分の人生が好きだ」、とちゃんと言える人たちに。

世界を旅するほどに思い知る。世界は素敵な人に溢れていると。素敵な生き方がいっぱいあると。

どこへも出かけていかなくたって、日々の暮らしの中に喜びを見つけることも旅だろう。自分の道を突き詰めてゆくことも旅だろう。すぐ隣にだって、逸材はきっと発見できるはず。旅に逃げていると言われれば、確かにその通りかもしれない。

でも、でも、やっぱり世界は広大なのだ。

ウアソのお父さんたちだって私達と同じように、毎日の現実の暮らしに頭を悩ませるふつうの大人に違いない。

でも、でも、その道で光り輝いていることも、一目瞭然なのだ。

出会わなくちゃいけない人たちがたくさんいる。そう思えて、うずうずしてくる。

かっこよく歳を重ねている人間を、この目で見たい。

世の中捨てたものではないと、心から思いたい。

ひたすらそう願いつつ、旅を綴り、人を映像に収めている今。もしかしたら、これこそ私にとっての、「仕事」なのかもしれない。

旅をしていつも思う。

私もいつか、かっこいい大人になりたいと。

なぜかドイツ

オソルノ富士のさわやかな景勝地の裾野を、陸路が尽きるプエルト・モンに向け、再び走り出す。

途中、ジャンキウエ湖（Lago Llanquihue）に寄り道し、オソルノ山のふもとまで行ってみる。

土埃の粗雑な道は消え、南米色は一掃される。森と山に囲まれた、西欧風湖水地帯へと変身していく。

白馬やお姫さまの物語が似合う、霧のベールをまとった静寂の湖。

天気も変わりやすく、見上げれば器量良しのオソルノ富士が、しとやかな雄姿を現したり、雲に隠れたり。

夢のような風景の中に現れる町町は、山小屋風な木造の集落で、チロリア

ンな家々がきちんと行儀よく並ぶ。窓辺には手入れの行き届いた、ピンクの花の植木鉢。完璧に整った絵葉書のごとき世界。整理整頓の行き届いたおもちゃ箱みたいで、かえって落ち着かない心持ちにもなる。

なぜか、チリのこのあたりには、ドイツ人の町がたくさんある。

もちろんそこでは、人々はドイツ語を話し、ビアホールに集まり、かわいいチョコレート店なんかも出現する。

オソルノ山の絶景ポイント、童話な感じ漂う湖畔のレストランで、すばらしくおいしいオムレツと、ドイツ風のりんごのケーキを食べた。

長い長いチリは、ほんとうに色々な顔をもつものだなあ、と感じ入りながらふと考える。なぜここは、こんなにもドイツなのだろう。

ドイツとチリのワケアリな繋がりには、謎が多い。

このメルヘンな景色と裏腹に、あらぬ噂を耳にする。

ナチスの残党が隠れ住む村。密告者により、いつの間にか姿を消した住人。事件を調査中のジャーナリストに降りかかる事故。映画のネタにもってこいのちょっと不可解な話が、誰かの口からぽつんとぽつんとこぼれる。

「実はこのあいだ……」と。

外部者を全く寄せつけない村があるという。カメラをもって入ろうとしたら、石を投げられたとか。クローン技術を開発し、ヒトラーのクローンをつくっているとか、いないとか。顔かたちのそっくりな子供たちの写真が撮られた話とか。滑走路を隠し持つ村があるとか。

話の真偽のほどはわからない。私ごとき勉強不足の者がうかつな発言はできないが、これだけ煙があがっているということは、何かくすぶる火元があるのだろうか。ペンの強大な力を感じ始めた私にとって、今は何も言えないに等しい。あくまで、推理サスペンスのレベルの憶測でしかない。

しかしそれらが仮に、ほんとに仮に真実だとしたら、私ごとき素人のコメントはひとこと、

「ほんとによくやるなあ。」

呆れるほかはない。

なんだか、不思議でしかたがないのだ。

こんなにきれいな水、緑、山、空気、夢のような世界の中で、なぜ人は、その宝を慈しみ守る方向だけに、せっせと精力を注げないのだろう。なぜ、

宝を自ら破壊するかもしれない種を、つい育ててしまうのだろう。

ナチがどうのこうのと批判できるほどの人生経験も深い知識もないが、美しいものを美しいと感じる心は、世界どこでも同じだと思うのだが。

人はたくさん罪を犯すし、間違いだって山ほど起こす。けれど、多くの悲しい歴史に学ぶことができるはずだ。

深い苦悩の過去をぬぐい去ろうと、世間から隔離された別天地を求め、ここに隠れ住んでいる人々がいるとしたら、それはそれでなんとなくわかる気もする。

ただ、なにやら復讐心を秘めた極秘の画策の匂いは引っかかる。

ここには、森林、山々、桁外れに美しいものたちがひしめいている。なのに、個人の私利私欲や国と国のプライドがからむ確執で、地球の美しい財産を危機にさらしていることに、人間なかなか気づけない。気づいても、なにからどう手をつけたらいいのやら、思いあぐねる。

政治家でもなんでもない私は、いつも、脳天気に思ってしまう。

地球を愛する心と知恵を、国境を超えて、もっとシンプルに結集できないものだろうか。

「まあ、ぶっちゃけて、早い話が…。」

と、肩を抱き合えないものかと。

秘密秘密と刺客をさし向けあっている暇があったら、まずはみんなで集まって、いい音楽を聞いて、いい映画でも観て、おなかの底から笑って、自然の中でおいしいものを分かち合って、思いきりおしゃべりのひとときを持つ。

国同士、人同士、ざっくばらんに集い合えたら、絶対に明るい未来へのヒントがひらめいたりするのではないだろうか。ひとりで閉じこもって練り上げた怪しい計画など、どこかへ吹き飛んでしまうのではないだろうか。人生を楽しもうとすることが、結局は「地球や環境、隣人を慈しむ」ことに、直結していくのではないだろうか。

あまりに美しい風景の中で、きな臭い噂を耳にして、つい「どうして？」というやるせなさが爆発してしまう。

答えは意外に、簡単な気がしてならないのだが。

陸路尽きる

北からずっと南下してきたハイウェイも、プエルト・モンで終わる。チリでいちばん雨の多いところ。ここから先には、何百もの島々、フィヨルド、氷河が待っている。

陸路の次は、海の道に変わる。

三万年前のサン・ラファエル氷河（Laguna San Rafael）を数日かけて眺めながら、フィヨルドをアイセン（Aisén）の方まで進むもよし。空の道で雄大な自然の宝庫パタゴニアへ飛ぶもよし。

この南の世界への入り口、プエルト・モンは、リュックや登山靴の完全装備で、「さあ歩くぞ」とやる気に満ちた人々で静かに高揚している。

そして、向かう人も成し遂げた人も、この町でありつける海の幸を、きっと楽しみにしているに違いないのだ。

アンヘルモ（Angelmo）は、この町の有名な魚貝食堂街だ。

さっとゆでただけ、じゅっと揚げただけ、という素材勝負の海のものが、屋台感覚で楽しめる。肩が凝らない、安い、美味い。あれこれ、ばんばん注文できる。

Luche（アオサみたいな海草）、Cochayuyo（昆布みたいな海草）、Puyes（ホヤ、ナマコ状のもの）、Picoloco（巨大なフジツボの形。怪獣の爪にも見える。はんぺん、スポンジのような口当たり）。

正統派美味なるもの以外にも、ちょっとグロテスクな、見たこともない海の生きものたちの味見も忘れ難し。

ここまで、毎食チリ料理を食べ続けて思うこと。

それは、とにかく食材が豊かだということ。でも、その豊かな彩りに比べると、食し方はけっこう保守的だ。

このアンヘルモや市場の食堂では、築地市場みたいに格別の素材をいただく愉しみがある。

でも一般的な町の食堂などは、南北に長いこの国の上から下まで、どこの地域のレストランのメニューも、同盟を結んでいるかのように突出した個性はあまりない。これだけ自然環境に違いがあるのだから、もっとそれぞれでいいような気もするが。

メニューを見て魚か肉か素材を選んだら、火の通し方、ソースの種類を指定する。日本では当たり前になりつつある「シェフおまかせ」に期待するような、アイディア重視の提供方法とはかなり異なる。素材をこねくりまわさず正面から勝負することは、とてもまじめですてきだ。

ただ悲しきかなどっぷり日本人の私は、素材を目の前にすると、私だったらああするのに、こうするのに、と余計なお世話が頭をよぎる。

意外に海外でよく感じることは、日本人の、食に対する向上心だ。

ひとつの素材を与えられた時、あらゆる角度で究極の味探しに挑戦するのは、日本人ならではの財産かもしれない。

素材を尊重し、個性を引き出す。試行錯誤して、美味しい答えを追求する。

これはなんといっても、日本人の世界に誇る特質だろう。

食べるという行動が人生の首位に立っている私にとって、なんだかんだ言っても日本人はけっこう「偉い」民族だ。「まったく日本は…」とつい愚痴をこぼしても、私達の中に受け継がれている食文化は、やはり誇らしく、ほくそ笑んでしまう。日本人の食べ物に対する執着と努力とセンスはたいしたものだ、世界のどこにも負けない、と。

中国料理なども、執着に関してはただならぬものをもっているが、手前味噌で言わせてもらうと、日本スタイルは古くからの伝統を継承するだけでなく、常に民族独特のセンスを織り込みながら、外来の食文化も自分達流の頂点へと、やすやすと極めてしまう。

それに比べて、チリはもっと頑固というか、古式ゆかしき手順で食のひとときが流れる。

まずペブレ（Pebre）。ピリッと酸っぱ辛いサルサソースみたいなものが、最初にテーブルに出てくる。

バターではなくこれをパンにつけて、すき過ぎたお腹をなだめ遣り過ごす。たまに、ソパイピージャ（Sopaipilla）、エンパナーダ（Empanada）という揚げパンも出てくる。これとペブレは絶妙な組み合わせで、いつもついつい食べ過ぎて後悔するはめになる。

そして、全国どこを訪れようとも必ず出会えるチリの三種の神器。そのひとつが、エンサラダ・チレーナ（Ensalada Chilena）。読んで字のごとし、「チリのサラダ」。塩、胡椒、ビネガー、オイルで、トマトと生玉ねぎを食卓で各自の責任で味つける。

いつもなぜかテーブルに上るのはコーンオイル。よほどリクエストしない限り、オリーブオイルにはお目にかかれない。チリでは、オリーブオイルというものへの意識がとても希薄で驚いた。かつてスペイン人が、こぞって押しかけた国なのに、彼らの大事な食の宝オリーブオイルはどこに消えてしまったのだろう。

二つめの神器は、アボカドだ。

ほんとうにどこへ行っても、みんなよくアボカドサラダを食べる。亜熱帯気候でもないのに不思議だなあと思い続けて、遂に食堂のおじさんに聞いてみた。すると。

かつてマクドナルドがアボカドバーガーを企画し、チリで素材の調達を試みた。そこでチリ中の農家は、こぞってアボカド作りに切り替えたという。その置き土産が、この溢れるアボカドたち。しかし、結局どういう理由か、アボカドバーガーは日の目を見なかったらしいが。

そして先述の通り、メインの料理はサーモンとか、アナゴとか、ステーキだとか、数種類の中からチョイスする。つけ合わせは、ごはんかじゃがいも。そして極めつけ、最後の神器は、食後のネスカフェである。

オリーブオイルの謎に続き、コーヒーの謎だ。チリのコーヒーは九九・九%が、粉をお湯で溶かして作るネスカフェだ。スペイン人の影響下にあった国なのに、なぜドリップしていれる香り高きコーヒーが全くないのだろう。チリの七不思議。御近所の国アルゼンチン、ブラジルには、挽きたてのコーヒーの香りが漂っているというのに。

刺激を好まない国民性なのだろうか。答えは謎のままである。宿題としておこう。


「カフェ・カフェ (Café Café)」とか、「カフェ・マッキナ (Café Máquina)」という言葉を街で発見したら幸運だ。

それはネスカフェでなく、マシーンでいれたコーヒーだ。といっても、食堂で「カフェ・カフェはありますか」と質問し、「もちろん」と元気に答えた御主人が運んできたものは、お湯割りの薄いコーヒーだった、ということもしばしば。

カプチーノ風のものがよければ「コルタード（Café Cortado）」と注文する。「傷」とか「切る」という言葉に由来して、ミルクでコーヒーを割ったものだ。

うっかり「カプチーノ」と頼むと、ホイップクリームの浮いた、懐かしき喫茶店時代のウインナコーヒーが出てくるだろう。

スターバックスが当たり前となった日本でも、ちょっと前までこんな風だった気がするが。私が今度チリを訪れるのと、スターバックスの世界侵攻と、どちらが早いだろうか。

市場やロデオの観客席では、移動ネスカフェ売りのおじさんを見かけた。お湯の入ったポットをいくつも首からぶら下げ、ネスカフェの粉の入った紙コップに、お湯をジャーッと注いで売り歩く。労働の手を休め、あるいは盛り上がる観戦の合間に、みんなネスカフェで憩う。ネスカフェは、もはやチリの味なのだ。

key

最南端の章

プンタ・アレーナス(PUNTA ARENAS)
プエルト・ナターレス(PUERTO NATALES)
パイネ国立公園(PARQUE NACIONAL TORRES DEL PAINE)
プエルト・ウィリアムス(PUERTO WILLIAMS)

パタゴニア（PATAGONIA）

細長いチリの、およそ三分の二くらいの道のりを走っただろうか。プエルト・モンから先、南へ進むと、フィヨルドが複雑に入り組む雪と氷の世界。突風吹きすさぶ風の大地。

「パタゴニア」と呼ばれる大自然の原野が待っている。日本で言えば、北海道からサハリンへ、さらにその先の極寒の地へ渡る道のりか。

南緯四〇度から南に広がるパタゴニアは、アルゼンチンとチリにまたがり、日本の面積の約三倍に相当する。チリもアルゼンチンも境は曖昧になって、大自然を共有するひとつの大国のようだ。

ここが発見された当時、「原住民は、グアナコの毛皮を身にまとい、とても大きな足をしていた」、そう記されたという。パタ（Pata）は「足」。ゴン(Gon）は「大きい」。つまり、「大きな足」を意味する「パタゴン」から、「パタゴニア」と呼ばれるようになったという説が有力だ。

耕作に適さない厳しい自然環境の中、狩猟で生きていた原住民は、この五百年の間に絶滅したと言われている。

やっぱり神の目線から地球を眺めてみたくて、空の道を選んだ。

眼下に広がる自然の姿は、素晴らしかった。

息をのんだまま、あっという間に時間が過ぎた。

天空にそそり立つ白銀の山々。大氷河の動いた路すじ。厳しく凍てついた氷の地表は、俗物を寄せつけない。威厳に満ちた白い峰峰は、大事な地球の秘密を守る番人みたいに、堅くその門を閉ざしている。

天地創造の時、神様は創りたての大地の出来栄えを眺めたくて、こうやって空をゆうゆう風に乗り、自分の作品を満足げに眺めたに違いない。「我ながらみごとなものだ」と。

「岬の先端」という名のプンタ・アレーナスに近づいた。

南北四三〇〇キロにも及ぶ長い長いチリの、もう随分南の端っこに、いつの間にやら辿り着いている。


機体から脱出し、まずはひと息吸い込んだ。

目覚めのひと口のおいしい水のように、からだの中心を涼やかなものがすっと通りぬけていく。

きっと、生まれたての地球は、こんなみずみずしい大気に包まれていたに違いない。

顔の筋肉がきゅっとひとまわり縮こまる。澄んでいるぶんだけ、空気はしっかり冷却されている。

ほっぺたがひえひえと心地よくて、車の窓を全開にして町への真っ直ぐな一本道を走った。

視界をさえぎるものは何もない。延々と、延々と、大地は広がり続ける。

空は高く、広大だ。

いつも必死にへばりついている地面より、何百、何千、何億倍、それよりもっともっと果てしない「ひろがり」が、頭の上に満ち満ちている。

乳白色と銀狐色が、いいあんばいに混じり合った空の色。薄ぎぬを通して垣間見る、ほの明るい夢みたいだ。

このあたりは冬から春にかけて、とても立っていられないほどの物凄い突風が、南極から吹いてくるという。

南下につれて、日に日に下がる気温に慣れていたつもりだったが、ずっと車の窓から顔を出していたら凍えてしまった。

フリースの上にもう一枚ベストを着込み、ダウンコートも羽織ろうかと思案していると、ドライバーのおじさんは、

「イヤーッ、今日は暑いねえ！」

そう言って、薄いセーターを脱いでTシャツ姿になった。

なるほど、人間鍛えないとダメになる。からだを甘やかすことなかれ。そう復唱してみたが、リハビリ期間の必要な私は、毛糸の帽子と手袋で、大自然の胸へ飛び込む旅に備えることにした。

とりあえず町でお昼をとりながら、ドライバーのおじさんと相談し、予定を変更することにした。
今日中にプエルト・ナタ―レスまで行ってしまおうというのだ。最初はこの町で宿をとろうと思っていたが、今日、ここからナタ―レスまでの移動距離、数時間を節約できれば、明日はパイネ国立公園へ心置きなく直行できる。

街を出て、空の中の道を直進していくようなドライブに戻った。

これといって目立つものもない景色。でもそのぶん、空、光、雲、風、土、海、ざっくりと余分なもののない美しさが潔く心に届く。シンプルとは、こういうことだと思った。簡素なことは、全ての美の根源だ。小細工や技巧で飾り立てたものなど足元にも及ばない。天と地、シンプルな構成要素が、私達の世界のバランスの源だ。どこまでも続く平原の景色を、いくら眺めていても決してあきない。

この広い平原はパンパと呼ばれる。時折、ニャンドゥ（Ñandú）が、たったたっと駆けていく。小さめのダチョウみたいな鳥だ。

強風に負けじと必死に斜めに傾いて、つっかい棒もなしに頑張っている木々がある。

「ふんばりと柔軟性がだいじです」と、人生にも通じるそんな教訓を、全身で示してくれているみたいだ。

通りすがったついでに、ペンギンの浜に立ち寄った。

子育てに励むペンギン社会を、遠くから眺めた。

家を守る係、食糧調達係、彼らなりに役割分担がきちんと決まっているよ

うで、暮らしの「お手本」のように、みんな堅気に暮らしている。つくづく頭が下がる思いで、ペンギン村を後にする。

陽が地平線に隠れ、美しい雪の山々が闇に消えかかる頃、プエルト・ナタレスに着いた。

いざパイネへ

朝起きたら、宿の前の入り江に虹が出ていた。大きな空に架かった、大きな虹の橋だ。幸先の良いしるしに違いないと、虹占いに満足しながらネスカフェで目を覚ます。

ここからは自分で車のハンドルを握り直し、いよいよ、自然の宝庫パイネ国立公園に出発する。

そこにそびえ立つ山々、トーレス・デル・パイネ（Torres del Paine）の雄姿をこの目で見たいと、ずっと思いを馳せてきた。

プエルト・ナタレスの北一二〇キロ、面積一六三〇平方キロのパイネ国

立公園。

年平均気温約六度。草原地帯、落葉樹の森、ツンドラ地帯を内包し、コンドル、クロエリハクチョウ、ニャンドゥ、グアナコ、ピューマ、ハイイロギツネなど、貴重な野生動物が生息している。公園の中にそびえ立つのは、氷河によって削られた標高三〇〇〇メートル近い花崗岩の険しい山々。そのまにまに、氷河湖や滝が点在する。

このパイネ国立公園のシンボルとなっているのが、トーレス・デル・パイネの山だ。

千二百万年前に地下から隆起した花崗岩の岩峰群で、長い年月をかけて氷河に削り取られた、勇ましい男っぷりがかっこいい。

トーレ（Torre）とは塔、タワーのこと。その名に相応しく、天を突き刺すようにそびえている。


パイネへの道と、アルゼンチンとの国境へ続く道、ふたつの分岐点にあるセロ・カスティージョ（Cerro Castillo）にまず立ち寄った。案内所があるというので、このへんの情報を集めるためだ。

数軒の家がまばらに立つだけの小さな村で、観光オフィスを探した。

それらしき看板などないものかと辺りを見回すと、トタンの屋根に、大きな「？」マークが描かれた普通の民家がある。ほんとうに「？？」と思って向かってみると、やっぱりそこが観光案内所だった。

人の家に入るように、「お邪魔しまーす」とドアを開けると、ちっちゃなテーブルに座っていたおにいさんが、「こんにちは」と迎えてくれた。

奥の小部屋は博物館になっていて、大自然の仕組みやら、ここに生息する動物やらの、お勉強コーナーとなっている。

おにいさんの向かい側には、人ひとりがやっと入れるくらいの、懺悔室みたいなものがある。小さなガラス窓のついた戸で仕切られている小さな部屋だ。なんだろうと思い、パイネの資料をもらいながらしばらく観察してみる。どうやら、ここは観光案内所でもあり、また、この小さな村の電話局でもあるらしい。

この村の外部との繋がりは、この小さな懺悔室が取り仕切っているようだ。

広いパタゴニアの平原では、電話線の調達も、なかなかままならないらしい。きのうの宿でも、外への電話は繋がらなかった。特に風の強い日などは、電話の声が途切れ途切れになるとか。

近所の人がやってきて、おにいさんにかけたい番号を伝えた。相手に繋がると、懺悔室に入って受話器をとる。そして話が終わると、がまぐちから小銭をちゃらちゃらと出し、おにいさんに支払う。

こんな日常が、私の子供時代の記憶のはしっこにも確かに引っかかっている。私が長く生きているのか、世の流れが速いのか。携帯電話を握っていないとなぜか不安になる今の生活が、とても遠い世界に感じる。

電話がすっかり体の一部になっていた日本での毎日が、異常にも感じられてきた。

いつも電波を飛ばし合っていないと、不安でたまらない。自然を失った社会での日々は、それほど孤独だということか。

ここでは、人々はゆったりとしていて、電話など必要としていないように見える。もちろん、緊急事態もあるだろうし、遠く離れた家族や恋人の声を聞けることは、とても嬉しいことだろう。でも、決して電波を通した会話には飢えていない。彼らの後ろには、人を大きく包み込み守る自然の懐が見える。私達は安心していいのだと。

自然と人生が、ちゃんと繋がっているのだ。お母さんのへその緒から、いっぱい栄養がもらえる赤ちゃんのように、自然のお腹の中に、安らかに漂っているようだ。

氷河の情報など手に入れて、また一時間ほど走る。がたがた道を延々揺られて、パイネ国立公園の入り口にやってきた。

公園に入る手続きのために、車を降りる。どこからか視線を感じ辺りをうかがうと、小さなキツネが、道の向こうからじっとこっちを見ている。手続きをする管理所に集まった人々は、すぐに車のエンジンをきり、野生の観察者を驚かせないように、そうっと歩いている。

入園手続きを済ませると、いよいよ公園の中へと、四輪駆動の我が車はいざ分け入っていく。

走り始めた早々、グアナコの家族の群れが、またこっちを見ている。ラクダとバンビの兄弟のようなグアナコたちは、私達を尻目に、ぱらぱらとマイペースで通り過ぎてゆく。

ここから先は、穴だらけのでこぼこ泥道を登ったり下ったり、池みたいに大きな水たまりを泥にまみれてやり過ごしたり、四駆大活躍の山道だ。

東京での運転は大嫌いだが、内なる野性を呼び覚ますこの山道を、がしがし進んでゆく高揚感はたまらない。

美しい景色に、「うわあ」「すごい」「どひゃあ」と声を連発しながら、道らしきものを辿って公園じゅう走りまわった。背骨にがんがん響く振動。野山を駆け巡る解放感。

今はかき入れどきの夏の観光シーズンのはずだが、人とも車とも、ほとんどすれ違わない。グアナコの家族を追いぬくことの方が多い。

グアナコファミリーは、わざわざポーズをとってくれているのではと思うほど、非のうちどころのない優美な姿で、そこに佇んでいる。「さっさと撮れば」とつき合ってくれているようで、促されるまま絵葉書ショットをデジカメに残す。

この空気感、大自然のスケール感を、写真でとらえることは不可能だ。ち

ゃんとここに来るしかない。

「絵にも描けない美しさ」でもあり、「まるで絵みたいな美しさ」でもある。こんな自然が地球には存在したのかと、見るもの見るもの、口を開けっ放しで、ただただ驚くばかりだ。


パイネの、天に突き立った凛々しさはすばらしかった。

神々しい峰峰の姿に見とれながら、私の心にひとつの言葉が浮かんでいた。

「なんて美味しそうな、焼き茄子…」

パイネの山は何かに似ていると思っていたが、目の当たりにして、心から湧きいでた言葉がこれだ。

みごとな大自然の美を前に、不謹慎きわまりない。所詮自分は、食欲レベルの煩悩の塊だと実感する。

パイネの山よ、ごめんなさい。と思っても遅い。いったん頭に浮かんでしまったものは、そう簡単には拭えない。

初秋の夜長に、ごろんと艶めく大きな茄子を炭火で焦がし、あっちっちと皮を剝く。ショウガ醬油で食べたらたまらない。

感動と本能は同じ仲間なのだろうか。感動が大きいほど、欲にかられた幻想が心に浮かぶ。大自然に驚嘆しているうちに、きっと私の内臓も、再生して活発に動き出したのだ。

焼き茄子はおかしな例えかもしれないが、自然の中には、どう見ても「自然」に見えないものがある。

トルコのカッパドキアの巨石群は、神様がふざけて作ってみた、としか思えない突拍子もないものだった。イマジネーションとユーモアの源泉だった。その巨石たちの容姿はまるで、シメジ茸みたいな、昆虫の触覚みたいな、内臓のひだひだみたいな、生殖器みたいな。

「自然にやってみて」と、違和感のないようにことを運ぼうとするけれど、自然界にはとても「自然」には見えない、突飛で不自然極まりないものたちが結構あるのだ。

「うわ、きれい」と人間に連発させるだけでは芸がない、と神様は考えたのだろうか。笑いでもとってみるかと、いたずらごころで創ったかもしれぬパ

イネの焼き茄子。そんな空想にくすくすと浸り、ぐうぐうと鳴り出したおなかを道づれに、真正面に迫るパイネの裾野を走った。

小高い丘の上に登り、湖に浮かぶいくつもの大きな氷の塊を見た。遠くからでもその色、輝きは、見る者の心を射る。溶け残ったグレイ氷河(Glaciar Grey)のかけらだ。自らこうこうと青白い光を発している。何千年、何万年前の水滴の結晶だと思うだけで、どうしても触れてみたくなる。

明日はいよいよ川を上り、セラーノ氷河を見にいく。

氷河

ナショナルパークの中には、山あり、谷あり、川も湖も滝もある。車ぎりぎり一台通れるかどうかの、危なっかしい吊り橋だってある。

山小屋もキャンプ場もあって、トレッキングしたり、馬で雄大な野を駆け巡ったり、大自然の懐で思いきり遊べる。

宿もいくつかあって、なんと一泊十万円もする超高級ホテルだってある。連泊が条件。物の運搬が不便なのはわかるが、それにしても凄い値段だ。

今回は公園内に泊れる縁がなく、ナタ―レスの街と往復四時間の道のりを、何回か繰り返すことになった。

連日だと確かにきついが、またあの山々、美しい大自然に抱いてもらえると思えば、朝から心が躍った。

今日は、公園まで二時間以上のドライブに加え、ここから先がまだまだ長い。

ボートに乗り込み、セラーノ氷河（Glaciar Serrano）に向かう。

防水服と救命具を着せられて、セラーノ川を上る。かなりのスピードで飛ばすので、顔も耳も感覚がなくなるくらいに冷える。当たり前のようにそこにある絶景にため息をつきながら、びゅんびゅん四十分は走る。

小島に上陸し、ひと山歩いて越え、再び別のボートに乗り換える。そしてまた一時間。複雑で遥かな道のりを経て、遂にセラーノ氷河に出会えるのだ。

静かだ。

その静寂に、ぎりぎり我慢しきれなくなったみたいに、どこか遠くで氷河が崩れ落ちる音がとどろいた。それは、遠雷のようだ。

何か大きなものが息をひそめて、じわじわと忍び寄ってくるような張り詰めた空気。時間が凝固してしまったように動かない。何かが変わろうとしている予感が支配する。

とうとうと流れゆく大河にたゆたう、小さな木の葉みたいな自分を感じる。地球の自転で、地軸がきしむ音さえ聞こえてくるようだ。

氷河とは、「万年雪が氷塊となり、高地から低地に向かい流れ下るもの」。太平洋からの湿った空気がアンデスにぶつかり、大量の雪となる。そして、降り積もった雪は、重みで密度、硬度を増し、氷河氷の結晶になっていく。氷河は、じっとしているものではなくて、自身の重みと底面が溶け滑る作用で、絶えず低い所に向かってゆく。

氷河とは、動くものなのだ。

滋養、移動、消耗を繰り返し、海に戻っていく。そして、また天に昇り、雪となって舞い降り、同じ道を繰り返す。

なんだかまるで、人の一生みたいだ。氷河も輪廻転生する。生あるものと

して、私達と同じ道のりを歩む。

そうなのだ。氷河は生きものなのだ。


小さなボートを湖に浮かべ、何百という氷のかけらの間をぬって進む。白い小さな無人島みたいだ。

氷河の小島は、蛍光青白色に発光しながら、一滴一滴、ぽたっぽたっと時を刻んで小さくなり、やがて消えてゆく。

山から遥かな時間をかけて、ゆっくりゆっくり降りてきた氷河が、湖の水と出会うところ。そこにボートは行き着いた。

巨大な氷河自身の重みをもうこれ以上支えきれず、まさに、崩れ落ちようとしている氷の大壁が、目の前に立ちはだかっている。

「フリーズ！」。ひとことと魔法の呪文で、永遠を一瞬に閉じ込めたみたいだ。「だるまさんころんだ」と言って振り返ったら、一気に凄い流れが押し寄せてきそう。

我慢できずに、まだびくともしない分厚い氷河のかけらの島に上陸してみた。ひと足、ひと足、確かめながら、氷河の上を歩く。

つるつるで冷たく固い。

身を削りながら、そして大地をも削りながら、ここまで旅してきた氷のからだが、とてもいとおしく感じられた。氷河が見てきた太古の地球の思い出話が、溶け出てきそうだ。

ずっと昔の地球をからだで感じたくて、いつの間にか、氷のかけらを口に含んでいた。

長い長い旅の途中の氷河のかけらは、冷たくも、熱く、私の細胞に溶けていった。


『ラパ・ヌイ』という映画を思い出した。

チリ本土の西三七〇〇キロ、大海の中にぽつんと浮かぶ、イスラ・デ・パスクア（Isla de Pascua）、別名、イースター島の物語だ。

この南海の島の「モアイ像」は有名でも、ここがチリに属していることを知る人は、あまりいないかもしれない。

かつてチリは、この島を買わないかと日本政府にもちかけたと、どこかで聞きかじったことがあるが、チリ自身でさえうっかり忘れてしまいそうなほど、遠い海の彼方の孤島なのである。

タヒチまで四〇〇〇キロ、一番近い島まで一九〇〇キロ、ポリネシア人がカヌーでこの島に渡ってきたという説もある。島に残る九百体もの巨大な像。そして文化はなぜ滅んだのか。未だに謎の島である。

さてこの映画は、島で行われていたという「鳥人儀礼」の儀式にまつわる。それは、島の王の名のもとに行われたもので、力を誇る男達が「鳥の島」へと荒波を泳ぎ渡り、険しい崖を登り、そこから鳥の卵を持ち帰るという過酷な戦いだった。権力、誇り、そして愛を勝ち取るために男達は命を懸けた。

映画では、陰謀渦巻く戦いの中で一途に愛を貫く男女の姿と、未知のものを求めて大海原に旅立つ人間の勇気が、感動的に描かれていた。

でも、勝つか負けるかという物語の本筋より、鮮明に私の脳裏に焼きついたのは別のシーンだ。


島には、ある伝説があった。

「いつか、救世主である神が、大きな白い姿で海から現れる。そして、とこしえの国へと導いてくれるだろう。」

島の王はその伝説に取り憑かれ、くる日もくる日も海を見つめ、神の迎えの舟を待っていた。

そして遂に、ある日、大きな白い舟が流れついた。

氷山だ。

常夏の島ラパ・ヌイの王は、生まれて初めて見る氷山に触れ、喜び勇んで乗り込んだ。

そして王は島民に別れを告げ、神の楽園へと旅立っていった。


その狂気的で、はかなく美しいシーンがずっと心に残っていた。

確かに氷河には、黄泉の国からの使者のごとき、息をのむような神秘の魔力が潜んでいる。

命を呑み込む力をも秘め、逆らえぬ無常の流れに押し流されて、つかの間の世に現れた神の舟。

私も今、氷の舟に乗り、耳を傾ける。

遥か昔から、そしてこれからもずっと、流れ進んでいくであろう、自分の魂に。

到達感に満ち満ちて帰途についた。
今日も、夕焼けがすばらしい。
空が「焼ける」というのはこういうことだ。
暮れなずみ、紫の薄闇が訪れる直前、
一瞬空は、ぱっと最後の鮮やかな紅の色を放つ。
空を見上げたまま、身動きできない。
毎日は美しい。
生きていることは美しい。
地球はほんとうに美しい。

寄り道　アルゼンチン

氷河に触れて以来、氷河が癖になってしまったようだ。

高さ約一〇〇メートル、全長三五キロ、世界最大のどでかい奴を拝むために、決死のドライブを強行しようとしている。

ペリト・モレノ氷河（Graciares Perito Moreno）。愛しの大氷河に会うためには、宿のあるプエルト・ナターレスから、隣国アルゼンチンまで行かねばならない。しかも、片道五時間近いハードな道のりを、日帰りで行って帰ってこようという凄まじい計画だ。この先、更に南へ行くための飛行機の変更もできず、私に残された猶予は一日しかないのだ。

アルゼンチンという国に興味があったのも事実だ。国境のゲートへ続く道との分かれ道を、この数日、いつも左へそれてきた。やっぱり、こうなったら右にもそれてみたい。

今日は、パイネに通ったいつもの道と反対の道へ折れる。

しばらく走ると、国境の小さな監視小屋が見えてきた。そこで、手続き待ちの数人の列に並び順番を待つ。窓口で書類を提出し、パスポートに印を押してもらう。

手続きをしながら窓の外を見ると、朝一番、ちょうど来たばかりの役人が、国境のゲートの鍵を開けている。

ふと気づいた。国境が開く時間があるということは、閉まる時間もあるということか。うっかり忘れていた。

聞いてみると閉鎖時刻は午後十一時。それを逃すと、チリに再入国は許されず締め出されてしまう。この何もない荒野で、野宿という運命になってしまうのか。

ということは計算してみると、今から車を飛ばしても、モレノ氷河で過ごせる時間は一時間。

締め出されるかもしれないという不安が一気に襲ってきたが、それでも見たいと思わせるのが氷河の魔力だ。

ここまで来たら腹をくくるしかない。見ないで後悔するのは私の性にあわない。意を決してハンドルを握る。

チリ側の監視小屋を出発し、ちょっと走ると、今度はアルゼンチンの管理局小屋が現れる。

国境の線がひかれているわけではないが、ふたつの小屋の雰囲気はみごとに異なる。

アルゼンチン側の小屋の佇まいは質素だが、映画のシーンのようになぜかちょっと絵になる。さすがタンゴの国だけあって、アルゼンチンのお役人は不思議な色気を発している。ポマードで髪を整え、額にはうっすら前髪がしだれて、妙に憂いがあるのだ。

深い鶯色の制服、時代もののストーブ、手作りガラスのゆがんだ灯り。セピア色の映画の中に迷い込んだようだ。

いっきに五十年ばかり時が遡った。悪戯っ子のような瞳でこちらを見つめ、「ようこそアルゼンチンへ」と微笑んだ。旅人の心をくすぐるツボを知っている。

ちょっといい気分になり、心でタンゴのリズムを刻みつつ、でこぼこの悪路にもどる。

チリでの運転にも慣れ、多少の道にはびくともしなくなっていたが、この道はひどい。

陥没した穴を避けていたら、平らな部分が残らない。腸と胃が完全に逆転するほどかき混ぜられた。背骨も三センチは縮まっただろう。

走っても、走っても、走っても、荒涼とした砂と岩の風景はほとんど変化しない。

桁はずれにでかい国に足を踏み入れてしまったことを思い知る。

頭の上ではコンドルが輪を描いている。

ああ、もう一生着かないのではと観念しそうになった頃、モレノ氷河の入り口に辿り着いた。永遠に思われるしんどい時間も、過ぎてしまえばすぐに忘れてしまうから、人生なんとかなるもんだ。

ペリト・モレノ氷河。

全長三五キロ、表面積一九五平方メートル、先端部の幅五キロ、高さ六〇〜一〇〇メートル。

ここの氷河は、南極、グリーンランドに次ぐ面積をもつ。

冬の最低気温が高いため、氷の溶融と再氷結が短いサイクルで繰り返され、動きが活発な氷河だ。

だいたい一日に氷河の中央で二メートル、両端で四〇センチも前進し、大きな崩落を引き起こす。

お昼ごはんの時間も惜しんで、湖のフェリーに乗り込んだ。

モレノ氷河の絶壁に、湖側からかなり近づける。巨大な氷が崩れ落ちる姿を、間近に見ることができるのだ。

フェリーの船首に陣取って、モレノ氷河に面と向かう。

巨大なモレノの氷の壁は、威風堂々と、ちっちゃな客人達を余裕で迎えうつ。

やはり、とてつもなくでかいやつだ。

彼と一定の距離を保ちながら、じっと待つ。

一分もたたないうちに、答えが返ってきた。

ごごごごーっと、雷鳴のような轟音が鳴り響いた。

巨大な氷の塊が、見上げるような高さから水の中へ、まるでスローモーションのように崩れ落ちていった。

白いしぶきがざぶんとあがり、氷の世界に再び静寂が訪れる。

その劇的なドラマは、数分ごとに、めりめり、ごごごー、ざぶううん、しーんと、繰り返された。

氷河にも性格があるのだろうか。モレノ氷河は、青春真っ盛りの生気に満ちている。

やっぱり、来てよかった。

きっと私は、いつか人生に挫けそうになった時、夕日に染まる海に叫ぶ代わりに、無性に氷河が見たくなるのではないかと思う。

崩れ落ち、溶けて、形が変わりゆくことをも恐れない、白い旅人の潔さ。その姿を、憧れと尊敬をこめて、ずっと見上げていたかった。

氷河にしばしの別れを告げて、四羽のコンドルを道づれに国境への遥かな帰路についた。

パンパの男達

プエルト・ナタ－レスを出て、飛行場のあるプンタ・アレ－ナスへ、数日前に来た道を引き返す。

地平線いっぱい、見渡す限りのパンパ。

このあたりは牧羊の地だ。

できることなら、羊の群れと、羊を追う牧童（ガウチョ）たちの仕事風景を見てみたい。

ちょうど中間地点の、ヴィジャ・テウエルチェス（Villa Tehuelches）という町に立ち寄った。この辺りの放牧地への入り口を、誰かに尋ねようと思ったのだ。

町といっても、家が数軒並ぶだけの一本の道しかない。閉まったままの雑貨屋が一軒あるが、ひと気がない。家々のドアは開け放たれたままだ。

ひとつの扉の前に小さな階段があり、そこに、十七、八の年頃の青年が座っていた。

聞いてみると、彼は放牧地で働いているという。すぐ近くだからと案内してくれることになった。

「隣に乗ってもいい？　こっちだよ」と、さくさくと助手席に乗ってきた。

横道の木の柵の扉を開け、放牧地へ入っていく。

走っては木の扉を開け、閉め、またしばらく走り、扉を開け、閉め、それを数回繰り返した。

ちらほら、羊の姿が増えてきた。進むほどに、パンパがもっともっと広がり出す。空も、もっともっと広がり出す。

最後の木の扉を閉め、やっと、羊たちを集めた作業場に到着だ。


羊、羊、羊。どこまでも羊、羊、羊。

羊たちは興味津々で、一斉に私達に注目する。

こんなにたくさんの羊たちに、真正面から、じいいいいっと直視されるのは初めてだ。どきどきして目を伏せたくなる。

男達が働いている。

集めた羊の大群をよりわけ、羊の目のまわりの毛を、チョキチョキと大きなハサミで刈りとっている。年一回これをやらないと、羊たちは伸びた毛ですっかり周りが見えなくなって、動こうとしなくなるらしい。そして、その場の草も食べ尽くし、移動することもできず餓死してしまうという。おなかがすいたらすぐに、冷蔵庫の前に飛んでゆく私には考えられない顚末だ。

次は羊たちの入浴タイム。といいたいところだが、泥水のたまった水路にぼんぼん荒っぽく放り込まれ、否応なしに泳がされる。犬かきならぬ羊かきで、ぜいぜい必死に泳いでいると、棒で頭をこづかれ、頭ごとザブンと泥水漬けにさせられる。洗っているのか、汚しているのか、よくわからない入浴法だが、必死に水から這い出た羊たちは、爽快感でにこにこして見える。

羊をザブザブ洗っていた浴場の裏の小屋には、羊の皮が、洗濯もののようにぴらぴらと干してあった。

ここの羊はほとんど食用に飼育されている。羊は生きたまま出荷されるが、身内で食すぶんだけここで解体する。

あまりに静かで、なにやらただならぬ妖気が漂っている小屋があると思っ

たら、そこで羊をさばいていた。

羊をバカにすることなかれ。ふだん騒々しい気の小さな羊は、自分の死期を感じとるのだ。

屠殺小屋の外の柵で順番を待つ羊たちは、ひとことも声を立てずに、沈黙とともにただただ待っている。小屋の中で行われていることを、ちゃんと悟って受け止めているように見える。暴れもせず、逃げもせず、遠くに思いを馳せるような羊たち。彼らに尊敬の念さえ芽生えた。

屠殺の役目を負う人は、背中を丸めながら、汗をかきかき仕事をしている。

一匹の羊を小屋の中央に吊り下げ、無駄のない手さばきでブロックにわけていく。

ピリッと皮を剥ぎ、バリッと足の骨を折り、よく切れるナイフでシャリシャリと骨から身をはがす。

静かに心乱れず瞑想するがごとく、極めた武道の技を披露するように、無駄なく美しくことは進んでいく。不思議と、生々しさや残酷さがない。こわごわ片目で見ていたが、しまいには「おいしそう」という言葉が、なんのためらいもなく頭に浮かんだ。

ちゃんと食べてあげます、という気にもなってきた。

動物愛護のかたには申しわけないが、その羊の姿はあまりにも清らかで、大地の神からのすばらしい賜りものに見えた。人間のエゴだけで命を奪うのではなく、互いの存在がとても対等に見えたのだ。

男達は、毎日汗を流しながら羊の世話をし、育て上げ、そして送り出す。そんな彼らの日々の労働にエールを送り、身を捧げてくれる羊に感謝して、ありがたく、おいしく、いただこうと思った。

道案内をかって出てくれた十七歳の青年に、ときめいている。

といっても、恋愛がどうのこうのという問題ではない。

彼の存在、そこにいる「在り方」があまりに美しくて、どきどきと胸が高鳴り溜息をついてしまう。

訪れる旅人が誰であろうが、どんな肩書きがあろうが、彼の人への接し方には微塵の違いも迷いもない。電話もなく（別に必要ともせず）、パソコンとは無縁の土地で、インターネット情報なんかなくったって、もうすでにすべてを知っている。今という時間をちゃんと生きている。自分に嘘がない。自信に満ちながら、気持ちよく力が抜けている。飾りも計算もない。

「僕はここの暮らしが大好きだ。」

「見て。このチビのベイビー羊。歯もこんなにちっちゃいよ。」

相手の目をすっと見て、彼は心からの言葉をまっすぐに投げてくる。

ひと月後から、サンティアゴの大学で、体育の先生になるための勉強をするという。

彼は、自然の中の今の暮らしと、大都会とのギャップをどう埋めてゆくのだろう。

「木綿のハンカチーフ」の歌みたいに、ふるさとをあとに旅立つ若者の姿もあるけれど、彼がここを捨て去ることは、決してないような気がしてならない。なくしてみて初めて気づくこと、それを彼は見失うことはないだろう。無垢な強さとやさしさが、彼を守ってくれるだろう。

彼は道端の小さな木から、青い実をとって差し出した。

カラファテの実だ。

口に入れると甘酸っぱさが広がった。

「この実を食べると、いつかまたここに戻ってくる。」

パタゴニアにはそんな言い伝えがある。彼にはいつかまた会える、不思議な確信が灯った。

彼に別れを告げ、羊を追うガウチョのもとへ、パンパの道を進んだ。


いつか来たことがあるような、心安らぐ道だ。

夕暮れ近く、ドラマティックな雲が強い風に流されていく。

道の終わるところに、ガウチョたちの寝泊まりしている小屋がある。

小屋の戸口に、少年が立っていた。

天使かと思った。

さらさらと髪を風になびかせ、やあと手をあげて、微笑んだ。

まぶしかった。汚れなきものは、ほんとにきらきらと透明なのだ。

この土地、空、風、太陽、月、星、すべてが彼の味方だ。ここの自然が、彼のような美しい人間を創り出すのだろうか。

なんと話しかけたらいいのだろう。

どぎまぎを悟られぬよう、必死に大人ぶって声をかけてみた。切りそろえた前髪がかっこよかったので、「すてきな髪だね」と。

ちょっと照れながら彼が微笑むと、また、美しい風が吹いた。


ファン・フォルテ（Juan Forte）は、美しい顔をしたガウチョだ。

日に焼けた肌、太くりりしい眉。そして、天使のようなさっきの少年は、彼のいちばん下の息子らしい。

フォルテはまるで、戦国時代の武将、モンゴルの騎馬民族の戦士のごとき勇姿で、馬にまたがっている。

そして彼の目は、信じられないくらい優しい。

赤いポンチョをさっと肩に巻きつけ、羊を集めに行くから見においでと、息子と数匹の犬たちを連れ、パンパへと馬で駆け出した。

最南端の章

「一生に一度」と思う瞬間、今がその時だ。

完璧な半円の大きな大きな虹が、私の目の前に現れた。しかもふたつも。あまりの大きさに、左から真上、そして右横へと、思いきりぐるりと首を回さないと、虹の全容を見きれない。まるで、昔と今と明日をつなぐような、壮大な時の掛け橋。

その虹の原野を、フォルテと息子と犬たちは駆け巡り、みごとな連係プレーで、地平線の向こうから羊たちをどんどん集めてくる。

「ほう、ほう、ほう」というかけ声のもと、魔法のように羊は倍に、またその倍にと、どんどん数を増す。

天国の景色は、きっとこういうものじゃないだろうか。

何千もの羊の群れ。私は今、その大きなうねりの真ん中に立っている。

どっどっどっと、羊たちの土を蹴る地響きがお腹に伝わる。

目の前の出来事が現実とは思えない。夢かもしれない、幻かもしれないと思う。

暮れかかる空には、さっきまでぐずっていた雨雲を突き抜け、一直線に神の光が射し始めた。

羊飼いに、イエス・キリスト誕生のお告げがあったことをふと思う。
羊と羊飼い。大地で生きる純朴な彼らこそ、神が選んだ民にふさわしい。
神様からの贈り物、夢のようなこの光景を、しっかりと心に焼きつけようと思った。
ああ、人生観が引っくり返るほど美しい。

二匹、三匹、群れから離れてしまった落ちこぼれ羊。犬たちは、きびきびと機敏に走り回り、それらを一匹残らず群れに連れて帰ってくる。

職務にとても忠実で、感動もののみごとな技だ。いったいどうやって、犬たちはあの技を習得したのだろう。とても不思議で、フォルテに尋ねた。

「親犬から子犬へ、代々、犬たちの家族の中で伝えてゆくんだ。私達は犬に何も教えたことはないよ。犬たちとはいつも一緒に暮らしていて、子犬の時から羊のいる野に連れていく。彼らは、親子で自由に走りまわって、いつの間にか、ごく自然に覚えてゆくんだ。」

フォルテたちは羊を追いながら、口笛やかけ声で、犬に何かの合図を送っているように見えたのだが、

「からだの角度や雰囲気だけで、こちらの意思を、ちゃんと犬たちはわかってくれる」

と言う。

彼らの結びつきは不思議だ。人と犬という識別は、彼らの間では意味をもたないみたいだ。

犬たちもフォルテたちも、何百パーセントもの愛情と尊敬を、全身全霊で互いに示し合う。

フォルテたちを見上げる犬の瞳は、まっすぐで一点のくもりもない。人が行くところ行くところ、いつもいつもついていき、かたときも離れていたくないのだ。大好き大好き、嬉しい嬉しいと、犬たちは体中で表現している。彼らの心からの尊敬に応えるように、フォルテたちも体ごと撫でさすり、遊び、惜しみなく愛情を降り注ぐ。

まさに、「愛」があるからこそ、以心伝心、彼らの間に言葉なんかいらないのだろう。

フォルテたちは自分の家族と同じように、犬も馬も愛する。一日の仕事を終えて夕日を浴びながら、フォルテは、ごくろうごくろうと犬たちの背中を撫でる。うんうんうん、ねえねえねえと、幸せそうに彼らに飛びつく犬たち。

天国の景色の中で、彼らの姿は、ほんとうに眩しかった。

ガウチョスタイル

日が暮れきる前に、羊の肉のアサードの準備を手伝った。槍のような長い鉄の棒に、さばいた羊のからだごと突き刺し、焚き火でじっくりとあぶり焼く。空飛ぶモモンガか、鰺の干物みたいに平べったくのされた羊は、三時間たっぷりと焚き火の火にかざされる。

焼き上がりを待つ間、マテ茶（Mate）を所望した。ひとりのガウチョの青年は、マテの葉を不思議なところから取り出した。木の枝にひょいと引っ掛けてあった、狐の襟巻きみたいなものだ。それは、グアナコの形がそのまま残る、美しい毛並みの革袋だ。きゅっと縫い閉じられた口に、骨でできた栓で蓋がしてある。

コルクのような栓を抜くと、中からさらさらとマテの葉が出てくる仕掛けだ。

これなら肩や馬の背に引っかけて、簡単に持ち運べる。いいアイディアだなあと感心していると、なんと、彼のお手製だという。

マテ茶には、ちょっとした作法みたいなものがある。

マテの葉を容器に入れ、温めておいた湯を少しずつ注ぐ。

蒸らしながら、ちょっとずつ、ゆっくりと。

葉はふわっとふくれて、よい香りが漂い出す。

ボンビージャ（Bombilla）というストローみたいなものを葉の中にそっとさし、まず一杯目は、茶をいれた者自らが飲む。

二杯目から客にふるまわれ、みんなでひとつのマテ茶を回し飲む。

マテ茶の輪の中で自分の番がきたら、容器一杯分は必ず飲み干すのが礼儀。またお湯が注ぎ足され、次の人へと温かなお茶が手渡されていく。最初から「ありがとう」という言葉を容易く使ってはいけない。「ありがとう」とともに器を返すと、「もうこれで充分、私はけっこうです」という意思表示。

マテ茶道は、ほのぼのと、なごやかな輪をつくり出す。


生活用品にこだわりのありそうなマテ袋を作った青年は、よく見ると、とても粋な着こなしをしている。あまりにここの景色にしっくりと馴染んでいたせいで、今までうっかり気づかなかった。

ガウチョのトレードマークのパンタローネを、ブーツの中に突っ込み、腰には男の必需品のナイフを差し、労働の汗をぬぐうため、首にスカーフを巻いている。彼のスカーフは、綺麗な野の花模様だ。

野性味溢れる男が、ワンポイント、女性に通じる艶やかなものを身につけていると、たまらなく色っぽい。

色褪せるほど使い込んだ、エルメス風のしとやかなスカーフを首に巻いたガウチョを、他でも見かけたことがある。

日本だって光源氏から江戸文化に至るまで、男性陣の衣に向けた鮮やかな遊び心が、なかなか光っていた。

燃えるような朱色や、あでやかな桜吹雪、花や蝶を愛でる粋な色気を、着物の裾や裏地、ちらっと垣間見えるところどころに忍ばせていた。

自然界の生き物は、一般にオスが派手に目をひくようにできているのだ。その原理に忠実に、日常を彩り異性をはっとさせる心意気を、日本の社会人の男性の方々も、是非是非、持ち続けてほしいと常々思う。ただ派手にしろという注文では決してない。自然界にちりばめられた艶やかな色々を身にま

とう、そんなゆとりある輝きを放っていて欲しい。私達女どもをどきっとさせて欲しいのだ。

男が青で、女が赤、漠然とそう意識に刷り込まれたような、私の時代の色彩幼児教育はいったいなんだったのだろうと、ふと思う。色を楽しむことは男も女も等しく、それは自然界の美への賛美みたいなもので、人生をちゃんと楽しむことだ。

多数から突出することなく人と同化するための、暗色のスーツ一色の日本の会社社会。そこにいつか彩りが戻ったら、日本はもっと楽しくなる。そう私は、密かに思っているのだが。

ガウチョ青年に聞いてみると、スカーフの柄は、それぞれ個人の趣味だが、その時々の流行みたいなものがガウチョ界にもあるらしい。彼は、摘んだ野の花を髪にさすような感覚で、躍動するこの夏の季節、花のスカーフを風に翻しているのだろうか。

彼らの服と着こなしは、いつも暮らしの中から生まれる。自分で作ったり手を加えたり、仕事をするほどからだにしっくり馴染み、彼らをいつも取り巻く自然にも馴染み、独創的でかっこいい。

それにひきかえ我らの身の引き立て方の、なんと他力本願なことか。お金ばかりが飛んでゆくが、本当に、自分の良さを引き出す手段になっているのだろうか。

今年はこれが流行りますよと、既に決定された未来の計画にまんまと翻弄されてしまう私達。人から与えられるものを受け取る、後追い型ファッションだ。

もちろん流行のセンスは、それなりに技ありで、夢があって刺激的で、手に入れたい、私もあんな風になってみたい、とそそられる。憧れることで、綺麗になれる良さもある。

並んでまで高額で手に入れる限定企画のブランド商品は、獲得した満足感でしばし心を癒してくれるかもしれない。それが人生の支えになる時だって、やっぱりあるのが現実の世だ。さあ楽しく頑張って生きましょうと、モノが応援歌を捧げてくれる時もある。

でもいつまでも、モノは助け続けてくれるわけじゃない。モノが乗り移っているだけの、すかすかな自分が嫌になる時がくる。歳を重ねたり、経験だったり、自分に何かが貯まってくると、そんな自分らしさで勝負したくなる。形が自分を決めることに反発したくなる。しゃんと背筋を伸ばして頑張る自分が、自分の形を決めていきたい。たとえ時間はかかっても、どうせなら、自分が選びとったという自信と充実感で物を眺めていたい。

彼らガウチョたちの、身のこなしひとつひとつに見とれてしまう。衣服と人間がひとつになって、セットで美しい。自然の中で彼らがそこに在ることが、ただただ美しい。

ああこれがキーポイントだ、と彼らを見て思った。彼らの姿にはいつも、雄大な自然と暮らしの背景が浮かび上がる。

自分の生きるフィールドにポンと立った時、美しい人間でいたいと思った。

羊のあぶり焼きがそろそろいい頃だ。

彼らの暮らしに欠かせない、使い込んだナイフをここでも取り出し、焼けたそばから、肉を身から削ぎ取っては口に運ぶ。

フォルテは、あばらの横の柔らかくいちばんジューシーなところを私に取ってくれた。もぎたての熟れた果実みたいな、じゅわっと幸せな芳しい味だ。

焚き火を囲んでいる空には、三日月が顔を覗かせている。

フォルテの息子は、もうすぐロデオ大会に出るんだと話し始めた。

アルゼンチン側のパタゴニアで開かれる、荒馬を乗りこなす危険なロデオだ。

そのための特訓をするわけではないが、毎日の馬との仕事が何よりの練習だという。

自分でつくったという防護用のブーツを見せてくれた。馬の足の皮でつくったという。膝の上くらいまであるその長いブーツを履けば、確かに、固い皮が怪我から守ってくれそうだ。

「一度馬に振り落とされて、大変だったからね。立ち上がろうと自分の足元を見たら、つま先とかかとが入れ代わってたよ。」

笑った彼は、父フォルテにそっくりな、やさしく強いガウチョの顔だった。

最南端の章

FESTIVAL DE JINETEADAS
DOS CATEGORIAS:
CLINA Y BASTOS CON ENCIMERA
ANIMACION DE EDUARDO BALAGUER
TROPILLA "LA REVANCHA"

彼らと一緒に、こうして火を囲める幸せと、不思議さを思う。

ここにあるのは、友と家族。自然の一部として生きること。汗して働き、日々をまっとうすること。

この他に、人生になにが必要だというのだろう。

彼らを見ていると、普通であることが、いかに素敵なことかを思い知る。日々の中に、旅のごとき遥かな道と、深い感動があることも、思い知る。

「非日常のススメ」が旅ではないことは、頭ではよくわかっていても、繰り返す日々の中から、その大切さを実感するのは至難の技だ。それが出来ないから、神や仏でなく人間なのだろう。

朝お日さまとともに起き、からだによいものを規則正しく美味しく食べ、ちょっとした心配ごとで肩も凝るけれど、今日も一日ありがとうと、心で唱えて眠りにつける。そんなきれいな日々を積み重ねられる。そんなひとに、ずっと憧れを抱いていた。

職人さんでも芸人さんでも、「これぞ我が道」と選びとれる人。根気と努力と天賦の才能で、ひとつの技を極め高める人。一生を懸けた壮大な旅を続けられる人に、焦がれてきた。

そのどちらの道も、選びきる決断力も勇気もなかった私は「旅」に出た。旅と仕事の名を借りて、自分の人生の指標を探し続けているのかもしれない。いつまでたっても、自分自身に満足できない。宙ぶらりんな自分に腹がたつ。自分の足で、行って、確かめて、帰るべきところの意味を知りたい。気づけば、どこからかぐいぐい引っ張られる力に吸い寄せられて、なぜかチリという遠い国にやってきた。虹を見て、羊に囲まれ、こうしてみんなと火を見つめ、語り、おもう。

人生は、不思議な出会いと、発見に満ちている。一歩踏み出しさえすれば。明日は、最果ての町へ飛ぶ。

火と風の大地

小さな飛行機に乗り、ナヴァリノ島（Isla Navarino）へ向かう。チリ最南端の村、プエルト・ウィリアムスをどうしても見てみたかった。ガイドブックにもほとんど記されていない地味な島で、観光目的でそこを目指す人は決して多くはない。でもここまで来たら、最南端に立たないと気がすまない。

「最果ての地」、「最果ての海」。

この言葉に弱いのは、私だけだろうか。

「最果ての」という肩書きがついただけで、私の心に一陣の風が吹き、そわそわとざわめき出す。

「流れ流れて最果ての、思えば遠くへ来たものだ。」

旅から旅の旅がらす、世間から離れた一匹狼の流れ着くところ。ささやかな誇りのために、どこにも属することが出来ない孤独。でもどこかで、そんな自分の美学に酔いしれる。襟を立てた後ろ姿がさまになるのが、最果ての町。

ちょっと演歌な設定に浸りながら、よくぞここまで来れたものだと、これまでの道のりを振り返り自分をちょっと誉めてやる。

眼下には、またしてもそびえ立つ白銀の神の峰峰。じっとしていたら、一生出会えなかったであろうこの眩しい感動に、しばし浸る。

もうこの先にあるのは、氷の南極大陸。

私は、最果ての地に、何を見ることができるのだろう。

プエルト・ウィリアムスに降り立った。
小さな空港には、私達の小さな飛行機だけだ。十人ほどしかいない乗客は通い慣れた様子で、迎えの人とわいわいやりながら、あっという間に散っていった。ぐずぐずのんびりしていたら、私だけ取り残されてしまった。

宿なんてあるのだろうかという島だが、こぢんまりした民宿がある。宿の女主人が、車で迎えにきてくれた。

プンタ・アレーナスから、マゼラン海峡、フエゴ島（Tierra del Fuego）、ビーグル水道（Canal Beagle）の上を飛んできた。

一五二〇年、ポルトガルの探険家マゼランが、航海の難所として有名なマゼラン海峡を発見した。その時、海峡のあちこちで、何百ものかがり火を目にしたという。先住民が灯していた火だ。そして、ティエラ・デル・フエゴ、「火の土地」と名付けられたのがフエゴ島だ。ここから南極にかけては、時速一〇〇キロを超える強風が吹く、風の大地だ。

フエゴ島やこの辺りに暮らしていた原住民は、西欧人の侵入による急速な変化に適応できず、外から持ち込まれた病気などにより、発見後またたく間に絶滅してしまったという。

「五、六年くらい前かな、森の中でバッタリ、原住民の家族に会ったわよ。」

女主人は平然と言ってのけた。

島の北側だけに一本の道が通り、小さな集落がある。島の南の部分は、人の手が入っていないほとんど手つかずの深い森だ。原住民が密かに森に紛れていても、全く違和感のない世界だ。

彼女に頼んで、この島の、北の一本の動脈道路をドライブしてもらう。

山道に入り道路の脇をふと見ると、たくさんの木々がごろごろと倒れている。

林業が盛んで、ばんばん伐採してしまったのかと思いきや、なんと、全部ビーバーの仕業らしい。とにかく、次から次へとかじり倒していくという。これも、発見者と称する西欧人の侵入と無関係ではないらしい。ビーバーまで、どこからか泳いでこの島にやって来た。そして、しまいには数が増え過ぎて森の破壊者になってしまった。

悪気はなくても、自分では気づかなくても、それぞれがそこにいるということは、自然界の均衡に何かの意味を与えているのだ。誰かが出っ張った

り、引っ込んだりしながら、自然の中では折り合いをつけていかなければならない。

山道の木々の間から、時折、ビーグル水道が見え隠れする。太平洋と大西洋を結ぶ水路だ。数キロメートル、その水を隔てた向こう側には、アルゼンチンが見えている。

ウシュアイア（Ushuaia）の街の光だ。

パタゴニアに入って以来、チリもアルゼンチンも境の意識が薄く、ここの住人達は、国境などあまり眼中にないようで、両国互いに仲良く行き来しあっている。なんだか、嬉しい。

かけがえのない大自然と地球を共有する者同士、という意識がとても当たり前に芽生えているのだろう。

実際に、そこに住む人間同士がそんな具合なのに、おかしいのは地図の世界だ。

アルゼンチンで手に入れる地図と、チリ側で発行している地図では、微妙に境界線に違いがある。

未踏の地や、長年の画策で境が曖昧な箇所は、それぞれの国が都合のいいように自国を大きく描いている。「ここはもちろん、うちのものです」と。それぞれがその程度の主張で満足しているのだから、実際問題、国境などというものは、人間にとってとるに足らない、子供の喧嘩レベルのことなのだろう。

線であっちとこっちに分けた途端、故郷を愛する純朴な人々は、鎧で固めた頑固な集団に化けてしまう。

大氷河が生まれるような、厳しく凄まじく寡黙な大自然は、小さな子供の縄張り争いを呆れて見ていることだろう。

小さな村に戻ると、どの家の煙突からも、暖をとる煙が昇っていた。最果ての地の人々は、家族で寄り添い、暖かく静かな夜を迎える。

ナヴァリノの謎

村のはずれに、滅びつつある先住インディヘナ、ヤーガン族（Yaganes）の末裔が住んでいるという。

その年老いた姉妹を、ちらりと見かけた。あらゆるものを見過ぎてきたのか、頑固を絵に描いたような、かたくなな顔立ちだ。

彼女達が命をまっとうした時、ヤーガン族は永遠にこの世から姿を消す。動物を絶滅の危機から保護する立場だと勝手に思い込んでいる人間だって、同じように、滅びゆく危機と隣り合わせなのだ。

かつてここに生きた原住民達の資料が、村の小さな博物館にわずかながら残っている。

遊牧民で狩猟生活を営んだ、からだの大きかったアオニケンク族(Aonikenk)。

一万年前の最後の氷河期、陸続きだったフエゴ島に渡ってきた、セルクナム族(Selk'nam)。

カヌーで移動し、海産物、狼を採っていたカウェスカル族(Kaweskar)。極寒の地でも生存できた民族だ。

しかし、それらの多くのインディオ達は、鉱物資源、捕鯨の目的でやってきた人々による伝染病や虐殺、侵略によって滅んでしまった。あるいは、文明化を強いられ遊牧を捨てたことで、新しい生活に適応できずに滅んでいった。

貴重な記録に残る原住民の姿は、強烈だった。

まるで、ウルトラマンワールドだ。

古い写真に残された彼らは、奇想天外な姿形に「変身」していたのだ。ほとんど裸の素肌に、謎の怪獣、珍獣のごとき彩色をほどこし、何かに化けている。白黒の縞や点、あらゆる模様で裸体を謎の生き物に仕立てている。いかの頭のような三角帽子、長いバゲットのようなかぶりもの。それらを頭にちょこんと乗せ、いかめしく立つポーズ。

まるで、仮装大会だ。笑わせるつもりなのか、超真面目なのか、彼らの発想はぶっ飛び過ぎて解読困難だ。

あまりのインパクトに、しばらく言葉が出なかった。彼らの姿を今に伝える古ぼけた写真に、じっと見入ってしまった。

だいじな部分にまで、ていねいに白黒の縞模様がペインティングしてある。

またしてもこの国の、深過ぎる魅力が出現した。


彼らは、なぜ、そのような姿で現れたのだろう。

私の推理その一、「大自然と一体化し、敵から姿をくらます」。

背景の色や模様に同化して、獲物をおびきよせたり、敵の目をあざむいたり。でも手間がかかる割に報酬が少なそうだ。身を隠すどころか、周りより一段と目立って見えるかもしれない。

推理その二、「笑って頑張る」。

雪と氷、強風吹き荒れる寒い寒い寒い冬を生きぬくために、彼らには何かが必要だった。それは、「笑い」。仲間の度胆を抜く仮装のアイディアで、とにかく、いつも笑って笑って体温を上昇させていた。恐ろしく陽気な民族だったのかもしれない。

推理その三、「宇宙の友への歓迎の儀式」。

遠い星からやってくる宇宙のかたがたとの、友情の証だったのでは。すでに頻繁にコンタクトをとり、ご近所づきあい同然だったのかもしれない。

地球上にいないもの、ゲゲゲの鬼太郎的世界の生きものと交流があったとしか思えない。


などなど、いろんな推理を楽しんだあとで、書物をひもとき探ってみた。

ビーグル海峡の南、ここナヴァリノの島々には、カヌーに乗り、島々を渡りながら漁をするヤマナ族（Yamanas）（ヤーガン族）が暮らしていた。

中でも、「セルクナム」という部族は、「アイン（Hain）」というイニシエーションの儀式を行い、神々の姿に扮していたという。

それが、これらの強烈な姿だ。

タヌ（Tanu）：西の空の神
ウレン（Ulen）：風のように早く、強い神
コタイックス（Kotaix）：月の怒りをおさめられる唯一の神

大自然への畏敬の念と結びついているのだろうと思っていたが、こうして

見ると、西という方角に意味を見出していたり、月は怒るものだとされていたり、人間が感じとる宇宙は、地球のあらゆる所でどこか共通していておもしろい。

しかし、神々の姿を、ここまで個性的に描き極めた彼らの才能は、圧巻だ。

南の果ての酷寒の地でも、人間はちぢこまって生きてはいない。

自然や宇宙という大きな友を相手に、敬い、恐れ、語り、戯れていたのだ。

この世の果て

風がごうごうと吹く。

肩を寄せあう小さな家々から、暖かな煙が立ち昇る。

「船が壊れちゃったから今日は休み。」

蟹採り漁師のおじさんは、あっけらかんと笑っていた。

小さな子供たちが、もっと小さな子の手をひいて、ちょこまかと頼もしく歩いてゆく。

どこにでもあるようで、他のどこでもない風景。

「最果ての海か。」

南極からの突風が、こぼれた言葉をどこかへ運んでいく。

南北四三〇〇キロ、チリ縦断の旅、終着地点。

「さあここが、端っこですよ」と言われてみても、ただ思うのは、「ほんとうだろうか」。

そっけない言葉にしかならない。「そんなはずはない」という気持ちに近いだろうか。

だって目の前には、強い風にうねる大きな海と、遥かな水平線が見えている。頬がかじかむ凍えた風が、この先に待つものからの便りを運んでくる。

「果てなどありはしない。」

かつての冒険者たちも「果て」を求め、そして「果て」を拒み、この地に立ったに違いない。

終着点などどこの世にない。わかっていることを、また繰り返し心に刻み、再び、一歩踏み出す。

降参しないことが、生きることだ。

遥か遠く北の砂漠から、南へ、南へ。端を見たいと、ここまでやって来た。北から南へ驚くほど長いこの国の、ほんの表面を撫でただけだよと、チリの人に笑われても仕方ない。ほんとうに、そうなのだ。

「私は何も知らない」。ただそのことに掻き立てられて、「なぜ」「どうして」と先へ進んできた。

行くさきざきで、人に出会い、心が揺さぶられ、自然に抱かれ、ものを思った。

知ろうとすれば知ろうとするほど、まだまだ知らないこと、知りたいことが、無尽蔵に湧き上がる。

それは道のりのぶんだけずっしりと密度を増し、今また、前へ進む原動力になろうとしている。

知ったつもりになんて、納まっていられない。世界は豊かで、道は尽きない。

北の砂の地に始まり、南へ下るほど、ひとつの谷、ひとつの山を越すごとに、変わり続けた自然、人、街の顔。

それは、たとえば地底深く潜っていくような旅だ。

長い年月をかけ、静かに積もり、風雨に削られ、人の足で踏み固められ、硬い岩盤に育っていく厚い地層。その堆積の、幾重にも重なる美しい模様を見るような旅だ。

それぞれの層には、時代の生きた証が静かに埋もれ、化石となり、眠りから覚める時を待っている。土のひと粒ひと粒が、壮大な物語を明かしてくれる。土に触れて問うてみれば、時空を超えて、昔と今、地球と自分が繋がり出す。

チリ。埋もれた光が照らしてくれた南への道。ここには、時の堆積の静かで強い言葉が隠されている。それはとても無口だけれど、気づけば私の心に、厚く積もり始めている。

きっと、ひと月後、私はまた、南米へやってくる。

何かの使命を負うかのごとく、追っ手の手を逃れるがごとく。

ちょっと前までうごめいていた日々の雑踏は、百年前の残像みたいに薄らいでいく。

一気に均衡を失い出した世界に、まるで人ごとみたいに酔いながら。

ただ違うことは、『レターズ』の撮影班を旅の道づれに引き連れていること。チリで出会ったみんなに、また会いたい、応えたいと、沸き立つ心。

か細かったチリの姿は、もうそこにはない。

不思議なえにしで結ばれた旧友に会うように、私は降り立つだろう。

またしても、「果てへ」「果てへ」と、口走りながら。


「果てがあるものなら、この目で見てみたい。」

人は、この世に現れた時から、とてつもなく単純な欲求に腰を上げ、前へ前へと歩いてきた。

そんな人のさまを知ってか知らずか、神さまは、地球を丸く創ってみたのかもしれない。

旅とは、手紙を綴ること。
遠く愛しい人へ。自分の知らない自分へ。
まだ見ぬ出会うべき人たちへ。
きれいだね。おいしいね。つかれたね。きもちいいね。
そう心の声をつぶやきあい、心が揺さぶられたら誰かとわかち合いたい。
そんな思いで、こんなに長い手紙をしたためてしまいました。
異国の友へ、隣にいる大切な人たちへ、
この手紙が届きますように。
心が自由に行き交える、戦いのない平和な地球でありますように。

手紙の行方—チリ—

2003年5月31日　初版発行

著者・写真　山口智子
装丁　中島英樹
編集　佐藤健／上田智子
発行者　渋谷陽一
発行所　株式会社ロッキング・オン
東京都渋谷区桜丘町20-1　渋谷インフォスタワー19階
電話　03-5458-3031
http://www.rock-net.jp/
印刷所　大日本印刷株式会社

ISBN4-86052-017-3　C0095　¥2000E／Printed in Japan

参考文献　インディアス群書8『人生よありがとう　十行詩による自伝』
ビオレッタ・パラ　水野るり子＝訳　現代企画室

乱丁、落丁本は小社書籍部宛てにお送りください。
送料小社負担にてお取り替えいたします。